Voll die Latte

EUROPA
VERLAG

Über dieses Buch

Jo Brauner, nicht nur Mister Tagesschau, sondern legendärer Stadionsprecher des HSV, schrieb uns nach der Lektüre des Manuskripts: „Menschen wie Acki wachsen einem ans Herz." Und da hat er hat Recht:
Acki ist Fußballfan – mit Haut und Haaren. Wenn der HSV spielt, dann ist Acki dabei und seine Freunde Maik und Barny auch, denn: „HSV ist das Superste überhaupt." Ob Sieg oder Niederlage, Acki und HSV führen eine Beziehung, die nichts erschüttern kann; keine Frauen, keine Nacht im Knast, keine dreisten St. Pauli-Fans und keine dümmlichen Busfahrer.
Alle Eskapaden wissen Acki und seine Kumpels mit einem schussgewaltigem Mutterwitz und einer gehörigen Portion Frechheit zu meistern.
Doch dann tritt Inken in Ackis Leben, und alles sieht ganz anders aus, denn Inken mag Milchkaffee statt Bier, lange Spaziergänge statt Auswärtstouren mit rülpsenden Fußballfans und überhaupt Spieleabende statt HSV …

Über den Autor:

Axel Formeseyn wurde 1972 geboren und wuchs auf der Insel Nordstrand auf. Seit frühester Jugend ist er HSV-Fan. Er lebt mit seiner Frau Inga und Tochter Marlene in Hamburg, ist Lehrer und Mitglied im Aufsichtsrat seines Vereins und veröffentlicht nebenbei noch HSV-CDs („Kult in Rothosen"). Er schreibt für verschiedene Fanzines und „11Freunde".
„Voll die Latte" ist sein erstes Buch.

Axel Formeseyn

Voll die Latte

Acki sein Fußballtagebuch

mit 42 Vignetten des Autors

Edition 11FREUNDE

im

Europa Verlag
Hamburg · Leipzig · Wien

Für meine Eltern und meinen Freund Frank.

Und für alle, die wissen, was ich meine.

Die Deutsche Bibliothek – CIP Einheitsaufnahme
Ein Titelsatz für diese Publikation ist bei der Deutschen Bibliothek erhältlich.

Die Edition 11FREUNDE im Europa Verlag wird herausgegeben von
11FREUNDE und Philipp Köster

Lektorat: Niclas Dewitz
Umschlaggestaltung: Christian Dieter Ring, München
Satz: Ingo Engel, München
Druck und Bindung: Schoder Druck GmbH, Gersthofen
ISBN 3-203-85604-2

Informationen über unser Programm erhalten Sie beim Europa Verlag,
Neuer Wall 10, 20354 Hamburg, oder unter www.europaverlag.de

Kapitel Eins

Ich fahr mit Mama und Papa und meiner Schwester im Zug nach Hamburg hin. Wir fahren eigentlich immer überall mit dem Zug hin, weil: Papa ist bei der Bahn und da gibt das natürlich keine zwei Meinungen, wie wir reisen.

Und bevor das losgeht, immer die gleiche Leier: Acki holt sich noch ein „Lucky Luke", Ute ist zwei Jahre älter und liest – na klaro, weil: schon ganz schön erwachsen – die „Bravo". Und Mama rennt irgendwo rum, um „noch schnell einen Kaffee zu organisieren". Papa regelt den Verkehr im Zug, von wegen: „Moin Kollegen. Ich bin auch bei der Bahn." Und dann geht das Kluggeschnacke los und Ute und ich verdrehen die Augen und denken: „Wo bleibt Mama nur?"

Und irgendwann fährt der Zug los und von Mama noch keine Spur. Wir sind schon ziemlich in Panik, von wegen: „Du Papa, Mama ist weg!" Aber da kommt Mama schon durch die Abteiltür gestiefelt.

Mama Papa

Wir fahren von Husum los mit dem Zug, weil: Nordstrand, wo wir wohnen, ist nur eine kleine Insel und hat keinen Bahnhof, höchstens einen Hafen, genauer gesagt zwei, aber mit dem Schiff nach Hamburg, das geht nun nicht, Papa ist schließlich bei der Bahn, nicht Seemann. Der Zug hat Husum also kaum verlassen, da haben wir uns das schon mit den mitgebrachten Brötchen und Frikadellen und Capri-Sonnen gemütlich gemacht; also Mama, Papa und Ute haben es sich gemütlich gemacht, denn ich bin schon ganz aufgeregt, denn wir fahren heute zum ersten Mal ins Volksparkstadion. Da spielt nämlich der HSV und HSV ist das Superste, was es gibt!

Ich finde allein schon die HSV-Rocker super, die in Friedrichstadt mit ihren Schals und Fahnen und, vor allem, Kutten einsteigen. Also, wenn mal jemand gefährlich ist, dann ja wohl die. Soviel steht schon mal fest. Die laufen durch den Zug und trinken Dosenbier. Stark! Und ich stehe an der Abteiltür und denke: Einmal in meinem Leben mit HSV-Schal, -Fahne, -Kutte und Dosenbier durch den Zug laufen und dann gucken die kleinen Jungs aus ihren Abteilen ganz schön aus der Wäsche! Die würden dann weiter in ihren Lucky Lukes blättern und an ihren Capri-Sonnen nuckeln, während ich Dosenbier trinken und durch den Zug gehen würde.

Nach so ungefähr einer Stunde stelle ich mich dann schon einmal langsam auf den Flur, um die Flutlichtmasten vom Volksparkstadion, die man von der Strecke Westerland-Hamburg-Altona gut sehen kann, nicht zu verpassen. Ute behauptet zwar, dass die auf der linken Seite zu sehen sind, aber ich weiß das besser, bin ja Fachmann, was ich mit einem hysterischen Schreikrampf, einem lauten „Das Stadion ist reeeechts!" und Weinen und Fluchen unterstreiche. 45 Minuten später liegen sie dann vor mir auf der, wer hat's denn gesagt, rechten Seite: Die vier Flutlichtmasten vom Hamburger Volksparkstadion. Es ist ganz einfach zum Verrückt werden: Wie super ist das denn hier bitte alles?!

Im Zug zum HSV

In Hamburg-Altona angekommen, geht das gleich erst mal zu McDonald's rein. Da kann sich der HSV auf den Kopf stellen: Ohne vorher bei McDonald's gewesen zu sein, werde ich ja wohl niemals zum Fußball gehen, weil nämlich: Von McDonald's haben mir alle meine Freunde aus der Schule erzählt.

Auf Nordstrand gibt das überhaupt gar nichts wie McDonald's. Wir fahren darum immer zu unserem Stammimbiss, zu „Hans Wurst". Jeden Sonntag fahren wir mit dem Auto mit Tempo 20 über die Insel rüber, hören Radio und kehren dann irgendwann auf eine Pommes bei Hans ein. Hans wirbt immer damit: „Hast du Hunger oder Durst, geh zu Hans und iss 'ne Wurst!"

Das verstehe ich ja übrigens gar nicht: Warum soll ich in Dreiteufelsnamen, wenn ich Durst habe, eine Wurst essen? Hans ist auch schon einmal mit seinem Imbiss in der Hörzu gewesen. Die Hörzu gehört bei uns genauso dazu wie HSV und SPD. Bei uns zu Hause ist die Welt in Ordnung. Zumindest, wenn das um Hörzu, HSV, Hans Wurst und SPD geht.

Da sind nicht nur die HSV-Rocker aus dem Zug drin, bei McDonald's, sondern ein ganzer Sack voller gefährlicher HSV-Rocker, die sich vor dem Spiel mit einer Apfeltasche, sechs Chicken McNuggets und einer kleinen Tüte Pommes stärken.

Für mich ist das ein Gefühl, wie wenn ich mitten in der HSV-Fankurve stehe, mitten in der Westkurve, und zwar nicht so außen, in Block A oder B, wo das voll langweilig sein soll, sondern richtig in Block E, wo das voll schocken soll. Papa sagt nämlich immer: „In Block E kommst du nicht rein! Viel zu gefährlich, mit den ganzen Rockern!"

Ich denke mir, lass Papa man quatschen, irgendwann gehe ich auch rein in Block E. Und da ist es ja nur gut, dass ich meine bald-besten Freunde im „Hamburger Schnellrestaurant" – so steht das über der Eingangstür geschrieben – schon mal unter die Lupe nehmen kann.

Von Altona fahren wir dann mit der S-Bahn Richtung Volksparkstadion. Tausend Fußballfans und ein einziges Rülpsen, Fluchen, Drohen und Bölken! 1a!

Ich

Das Spiel geht 0:0 aus und Papa ist total beleidigt und pöbelt HSV-Mittelfeldspieler Hartwig an: „Beweg dich mal!" Und ich weine ein bisschen, weil Papa so rumschreit und Mama schreit dann mit Papa rum, weil: „Was schreist du hier so rum!" Na ja. Und meine Schwester, die geht auf der Südtribüne ein bisschen spazieren und ich stehe unten am Zaun und wedle wie bekloppt mit meiner Fahne rum, ohne irgendetwas vom Spiel mitzubekommen. Aber der grüne Rasen! Und die vielen Zuschauer! Das find ich einfach nur super: 17.500 auf einem Haufen!

Auf dem Rückweg vom Stadion schaue ich mir die ganzen Aufnäher auf den Kutten von den harten HSV-Fans an und hab im Zug nichts anderes zu tun, als HSV-Kutten noch und nöcher zu malen, mit den härtesten Rocker-Aufnähern drauf: „HSV-Fan-Club Dragons", oder „Mighty HSV!", oder „Westkurven-Power", um hier nur die härtesten zu nennen.

Ich weiß jetzt, dass das Beste, was mir jemals in meinem ganzen Leben passieren kann, eine HSV-Jacke mit solchen Aufnähern drauf ist.

Ich hab den ganzen Tag draußen Fußball gespielt. Was genauso super ist: Heute darf ich länger aufbleiben, weil: Heute spielt HSV gegen Juventus Turin im Europapokal-Endspiel. Also: Schnell nach Hause, in die Badewanne rein, mit dem Playmobil-Piratenschiff noch etwas gespielt, aus der Badewanne raus, Bademantel an, Puschen an, Bademantel aus, Schlafanzug an, HSV-Trikot drüber, Mütze auf, den großen HSV-Schlumpf eingekleidet und ab nach unten.

Was auch noch super ist: Onkel Hans aus Schweden ist zu Besuch. Er und Papa sind noch mal kurz zum Angeln, um uns „einen ordentlichen Fisch aus der Nordsee zu ziehen", meint Mama. Onkel Hans und Papa sind super.

Die Nachrichten laufen schon und von Onkel Hans und Papa ist noch nichts zu sehen. Ich hab einen Mordshunger.

„Mama, darf ich Flips und Cola?“ frag ich Mama. Mama hat eigentlich die Kartoffeln schon auf dem Herd, schließlich kommen Onkel Hans und Papa ja gleich.

„Nimm dir, was du willst“, sagt sie. Mama ist super. Nur frage ich mich, warum sie so komisch dabei guckt. Ich *hab* doch gebadet! Was will die denn noch? Trotzdem ist Mama super.

Es ist nun schon fast acht Uhr und gleich geht das Spiel los. „Onkel Hans und Papa haben bestimmt einen Mordsfisch an der Angel, was, Mama?!“ ruf ich Mama vom Sofa aus in die Küche rein. „Mama!?“ Mama antwortet nicht. Na ja. Ich hab ja meine Flips und Cola und gleich gibt es auch noch Fisch, wenn Onkel Hans und Papa nach Hause kommen. Der Fisch geht auch noch auf die Flips obendrauf. Essen ist super!

Das Spiel läuft.

„Heute verlieren die bestimmt, Mama!“

„Die verlieren nicht, Acki!“

„Doch!“

„Nein!“

„Doch!“

„O.K., Acki! Dann verlieren sie heute eben!“

„Was??!“

Ich fange ein bisschen an zu weinen und frage mich, warum Mama meint, dass HSV verlieren tut. Mama kommt rein und sie meint, sie hätte es nicht so gemeint. „HSV gewinnt!“

„Glaubst du?“

„Ja doch.“

Mama ist super. Und HSV gewinnt. Yeah!

Und sogar der HSV-Schlumpf darf heute mal ausnahmsweise neben mir auf dem Sofa sitzen. Hat Mama mir erlaubt.

„Und wo sollen dann Onkel Hans und Papa sitzen, wenn die gleich kommen?", frag ich Mama.

„Die können stehen", sagt Mama.

Was meint sie nun wieder damit? Na ja. Hauptsache, der Schlumpf hat das schön bequem. Ich drück mir grad zirka 20 Flips auf einmal rein und spül die Dinger mit Cola runter, da steht es schon 1:0 für HSV. Der Schlumpf und ich, wir flippen ein bisschen aus vor lauter Freude und Mama, die flippt in der Küche auch aus. Lautes Geschrei ist von da zu hören. Sie hört wohl HSV im Radio.

„Vielleicht bringen Onkel Hans und Papa ja eine schöne Scholle mit, was, Mama?", ruf ich Mama zu, damit die in der Küche mit ihren Kartoffeln nicht so alleine ist.

Der Schlumpf und ich bölken rum: „HSV! HSV!"

Als Felix Magath schon wieder so einen Super-Pass spielt, da ruf ich Mama laut zu: „Mama! Magath hat schon wieder so einen Super-Pass gespielt! Total geil!"

Und Mama ruft zurück: „Acki! Was sind das hier für Ausdrücke?!"

Uiuiui. Dann lass ich das mal lieber bleiben. „Geil" hat mir grad erst mein Nachbar Maik beigebracht. Und so läuft das Spiel vor sich hin. Ich und der Schlumpf auf dem Sofa. Mama in der Küche.

Ich und der Schlumpf

Und irgendwann sind dann nur noch zehn Minuten zu spielen. Und als ich da so sitze und Daumen drücke für HSV, da klopft es an der Tür und das nicht grade leise, und wer kommt da rein? Onkel Hans und Papa. Das erste, was ich von den beiden mitbekomme: Ein beherztes Rülpsen von Onkel Hans ist noch im Nachbarhaus, bei meinem Freund Maik zu hören. (Hat er mir einen Tag später erzählt!) Onkel Hans ist nämlich, das hat er mir mal verraten, der „Ober-Rülps-Meister" von Südschweden. Onkel Hans ist die Wucht in Tüten. Es sind jetzt nur noch einige Minuten zu spielen und gleich ist HSV Weltmeister!

Und jetzt wird das plötzlich total durchgeknallt. Ich halt es vor Spannung nicht mehr aus, da kommen Onkel Hans und Papa also ins Wohnzimmer reingestürzt und von Fisch ist weit und breit nichts zu sehen und die sind so suuper-merkwürdig.

Papa ruft irgendwas von wegen „Ausziehen! Alle Mann!", während Onkel Hans dauernd rülpst und wie am Spieß „Danz op de Deel!" schreit und dann auch noch am Fernsehgerät rumspielt und plötzlich, als sei das nicht alles schon schlimm genug, U-M-S-C-H-A-L-T-E-T! HSV gewinnt gleich und Onkel Hans schaltet um.

Ich frag Mama, warum Onkel Hans und Papa so komisch sind und Mama sagt, wenn Onkel Hans aus Schweden kommt, ist „Saufen Pflicht" und die beiden benehmen sich immer wie die letzten Zyklopen.

Ich will Mama eigentlich fragen, was ein Zyklop ist, denn das hört sich dann doch wieder gut an und ich wäre auch gerne ein Zyklop, aber da hat Onkel Hans mich schon am Wickel, hebt mich hoch, knutscht mich ab und schleudert mich herum.

Papa singt „Wo de Nordseewellen trekken an de Strand" und von Fußball ist hier nicht mehr viel zu merken. Ich würde so gerne wissen, ob HSV tatsächlich gewonnen hat, aber vor lauter durch-die-Luft-geworfen-und-geschleudert-werden kann ich an gar nichts mehr denken, außer daran, dass ich doch kein Zyklop sein möchte. Im Wohnzimmer herrscht mittlerweile das absolute Chaos. Nur der Schlumpf mit HSV-Schal sitzt da noch herum und guckt auch irgendwie traurig aus der Wäsche.

Mittlerweile finde ich Onkel Hans und Papa so richtig scheiße, und außerdem kommt mir so langsam die Tüte Flips hoch, als Maik in der Tür steht. Schon aus dem Flur höre ich ihn rufen: „Yeah, Acki! Hast du das gesehen!? HSV hat es geschafft!“

Er will nur mal kurz feiern wegen HSV und so. Aber als er uns da so sieht, da steht er nur da und guckt rüber zu Mama, die eine Bratpfanne in der Hand hält, zu Papa, der sich grad ausziehen will und zu Onkel Hans, der mich mit dem rechten Arm im Schwitzkasten hält und mit der linken Hand am Fernseher rumspielt. Maik dreht sich um und sagt noch im Rausgehen: „ich muss auch mal wieder. Du kannst dich ja morgen mal bei mir melden ...“

Zum Glück gewinnt HSV bestimmt nächstes Jahr wieder den Europapokal. Dann gucke ich mir das Endspiel aber in Ruhe bei Maik an, hundertpro.

Maik kommt vorbei und wir laufen sofort los und rauf auf den Fußballplatz. Der liegt eigentlich direkt bei uns im Garten, na ja, zumindest fast. Wir wohnen nämlich gleich bei der Schule, was ja eigentlich so super wie nur was ist.

Für Mama, weil, die ist Lehrerin in der Schule, wo wir wohnen. Für meine Schwester Ute und für mich, weil: Wenn das zur ersten Stunde klingelt, dann noch schnell eine Stulle in den Mund rein und los, zur Schule. Nicht lange Busfahren, nicht groß auf das Fahrrad rauf. Einfach aus der Haustür, rein in die Schule.

Obwohl: Die Zeit ist auch bald vorbei. Nach den Sommerferien muss ich in Husum zur Schule. Mama und Papa meinen, ich bin neunmalschlau und darum geh ich zum Gymnasium hin, oder wie Maik immer sagt, zum „Gumminasium“, was auch immer er damit meint. Maik ist mir vielleicht ’ne Marke! (Sagt Mama immer!)

Und überhaupt: Ute geht da ja schon lange hin, nach Husum. Und sie findet das gut. Dann denke ich mal, dass ich das auch gut finde. Was Ute kann, das kann ich ja schon lange. Zum Beispiel Fußball spielen. Maik kommt also vorbei und wir düsen los.

„Ich rieche schon den Rasen!", sage ich zu Maik.

Und Maik sagt: „Ich auch."

Und wir knacken die Pille schon Richtung Fußballplatz, als der noch gar nicht zu sehen ist, weil, da stehen ja überall Hagebuttensträucher rum. Rumms! Das schockt!

Der Platzwart vom TSV Nordstrand heißt auf plattdeutsch Hein Oog, was soviel heißt wie Hein Auge, was soviel heißt wie: Der Platzwart schielt. Und nicht zu knapp. Mit Hein Oog ist nicht zu spaßen. Der nimmt immer extra die Tornetze ab, damit Fußballspielen keinen Spaß bringt und keiner auf die Idee kommt, auf dem Fußballplatz Fußball zu spielen. Außer den richtigen Fußballern vom TSV. Die spielen in der Kreisliga und sind der ganze Stolz der Insel.

Aber heute haben wir mal Glück. Eins von den kleinen Toren hat ein Netz drauf und los geht das. Einer von uns beiden ins Tor, einer draußen.

Der, der heute draußen spielt und nebenbei die Spiele kommentiert, das bin ich, schließlich habe ich gleich bei uns zu Hause, bevor wir losgehen: „Erster Draußenspieler ohne Streit!" gerufen. Und irgendeiner muss ja kommentieren, weil, ganz klar: Fußballspiele ohne Kommentator schocken nicht. Ganz genauso wie im Fernsehen, in der Sportschau.

Und während ich mir selber die Bälle zuspiele und herumgrätsche und Einwürfe mache und Freistöße schieße und bei Schiedsrichter-Fehlentscheidungen die Hände in die Luft werfe, kommentiere ich die Szenen, die ich fleißig vor mich hin spiele: „Und Anpfiff am Münchengladbacher (oder war das Mönchengladbach?) Bökelberg."

Ich lege mir den Ball vor. „Und hier ist Hannes am Ball und ..."

Der Ball fliegt weit über das Tor, rein in die Hagebuttenbüsche: „Und ... whoooooooooooaaaaaaaaaaa (das sind die

Fans, die so whoooooaaaaa machen, wie die auch im richtigen Stadion machen) – drüber!"

Maik holt den Ball, wirft ihn zu mir und ich bin schon wieder unterwegs. „Ata Lameck (was ist Ata eigentlich für ein 1a-Vorname?!) treibt den Ball für den VfL Bochum nach vorne!"

Aber bei so einem richtigen Fußball-Bundesligaspiel kann das natürlich nicht immer nur rauf und runter gehen, da sind auch mal schwächere Phasen dabei: „Welch ein Mittelfeldgeplänkel der Gladbacher ..."

Und auch sowas: „Aber was macht Hans-Günther Bruns denn da? Ist der denn komplett verrückt geworden?" (Das hatte erst letztens ein Radiokommentator gesagt! Super!)

Maik als Torwart, beim Fußballspielen

Wie auch immer: Im Kommentieren bin ich ziemlich gut, und das findet auch Maik. Beim nächsten Spiel sagt er nämlich: „Geil, dass Bayern 0:3 zurückliegt. Aber jetzt kann doch auch Atli Edvaldsson noch ein Tor machen, oder? Ich werf dir den Ball zu und Kopfball und 4:0 für Fortuna Düsseldorf!"

Und ich so: „Geil!" Und: „Kopfball und – whhhooooaaaaaaaa! – 4:0 für Fortuna Düsseldorf! Wenn das so weitergeht, meine Damen und Herren, dann ist der HSV nach diesem Spieltag Tabellenführer."

Ich quatsche gerne das nach, was die Radiofritzen immer so rumreden. Und das mit „Wenn das so weiter geht...", das hab ich erst neulich gehört. Wobei ja eigentlich die Saison noch gar nicht angefangen hat. Das schockt übrigens am meisten. Vor der Saison mit den neuen Spielern spielen, die wir in gewissenhafter Vorbereitung den Vereinen zugeteilt haben.

Maik und ich liegen dann den ganzen lieben langen Tag an der Nordsee rum und baden nicht, weil, dafür haben wir keine Zeit, wir haben wichtige Geschäfte abzuwickeln! Wir lesen den alten Sonderkicker und lernen die Kader der Mannschaften auswendig und überlegen, welcher Spieler zu welchem Verein wechseln kann. Bayern und Werder und Köln kaufen dann immer die größten Krampen zusammen und für HSV haben wir – na klaro – immer die supersten ausländischen Starspieler in petto.

Am liebsten holen wir die geilsten Spieler aus England. Und die schlagen dann regelmäßig wie die allergrößten Bomben ein, schießen in den ersten Spieltagen immer zwei Tore und werden von uns auf dem Nordstrander Fußballplatz gefeiert wie nichts Gutes. Bis die dann am nächsten Tag wieder langweilig werden und wir uns neue Spieler ausdenken, die für HSV spielen könnten. Und die dann am ersten Spieltag wieder zwei Tore machen und so geht das dann, bis wir wieder an der Nordsee liegen und so weiter.

Und zwischen diesem ganzen Geschacher um neue Spieler spielen Maik und ich dann auch mal Fußball und das schockt so richtig! Fortuna Düsseldorf gewinnt am ersten Spieltag gegen Bayern München, die Peter Loontiens von Bayer Uerdingen gekauft haben und der hat aber „überhaupt nicht eingeschlagen". Das sagt Maik nach dem Spiel noch mal ganz deutlich: „Ich hätte von Peter Loontiens ja mehr erwartet." Und dann sagt Maik: „Jetzt aber mal ein HSV-Spiel, Acki!"

Und ich sage: „O.K.!"

Maik

Und dann geht das los. Mit dem Diskutieren. Maik sagt nämlich: „Du hast schon ein Spiel gespielt. Jetzt bin ich aber mal dran."

Aber ich spiele trotzdem weiter und das aus gutem Grund: Maik und ich wollen ja beide, dass HSV gewinnt. Aber Maik wird immer so schnell fickerig, wenn das in der, sagen wir mal,

80. Minute noch nicht 1:0 für HSV steht. Ich mach auch gerne mal ein 1:1, oder so, weil nämlich: „Das ist viel realistischer, Maik!"

Und Maik dann so zu mir: „Du immer mit deinem ‚realistisch'!"

Ich denke aber auch, dass HSV ein klarer Sieg im ersten Spiel (klaro zu Hause, im Volksparkstadion!) gut zu Gesicht stehen würde. Und so steht es 5:0 für HSV und die Tore haben Dieter Schatzschneider (der ist tatsächlich für Horst Hrubesch gekommen und macht bei uns gleich in seinem ersten Spiel für HSV drei Tore! Drei Tore! Das muss man sich einmal vorstellen!) und Manfred Kaltz mit Elfmeter (nach Foul an Schatzschneider, anders ist der ja auch gar nicht zu bremsen) und Charlie Nicholas (so ein englischer Spieler, von dem Maik im „Kicker" gelesen hat – soll ziemlich gut sein!) mit einem „Flatterball" (das meint zumindest Maik) geschossen.

Und dann ist es kurz vor Schluss und ich spiele mir selbst den Ball so ein bisschen lässig hin und her und spiele mal zurück zum Torwart, weil, Maik meint: „Kaiserslautern ist ja sowieso noch gut bedient mit dem 0:5!" Aber dann geht das Affentheater richtig los. Ich kommentiere: „Und Kaiserslautern im Angriff." Und Maik ruft: „Was soll das denn jetzt? Müsste doch schon längst Schluss sein!" Und ich kommentiere weiter: „Und Torbjörn Nilsson (der ist Schwede und heißt wirklich so!) müsste schießen!"

Und Maik ruft: „Aber nicht so doll!"

Und ich schieße: „Und er schießt!"

Und Maik hält. „Aber Uli Stein hält!"

Maik lächelt zufrieden. „Den hat er aber auch tatsächlich gut gehalten. Das wäre beinahe in die Hose gegangen, Acki!"

Und ich dann so: „Ja. Aber einen Freistoß kriegt Kaiserslautern noch!" Und das ist für Maik fast zu viel.

Er droht: „Wenn der reingeht, dann bist du überhaupt gar kein richtiger Fan."

Und ich: „Bin ich doch!“

Und Maik: „Bist du nicht! Warum lässt du HSV nicht einfach mal zu null gewinnen? Das wäre doch für Uli Stein auch mal voll gut!“ Und ich schieße und Maik ist so mit Schimpfen beschäftigt, dass er den Ball durchlässt.

„Und das 5:1. Und, meine Damen und Herren, hier ist auch schon der Schlusspfiff.“

Und ich sage noch: „Ich muss jetzt auch nach Hause.“

Und Maik sagt: „Ich auch. Ich glaube wir essen jetzt sowieso Abendbrot.“

Und ich so: „Wir auch. Kommst du morgen wieder vorbei?“

Und Maik: „Mal sehen.“

Und ich: „Bist du sauer?“

Maik: „Och nöö.“

Ich: „Tschühüs!“

Und er: „Tschüs.“

Maik

Einen Tag später regnet es schon den ganzen Tag, und dann kommt nachmittags Maik vorbei und klingelt an der Tür und fragt meinen Papa, der heute Spätschicht hat und darum nachmittags zu Hause ist: „Ist Acki da?“

Und Papa ruft: „Acki! Maik ist da!“

Und ich freue mich und renne runter und Maik sagt: „Wollen wir drinnen spielen?“

Und ich denke nur: „Super!“ und sage: „Super. Dann können wir ja wieder Kassetten aufnehmen mit Fußball-Bundesliga-Reportagen.“

Das findet Maik auch super, denn das machen wir immer, wenn das Wetter so schlecht ist, dass wir die Spiele nicht in echt auf dem Platz kommentieren können.

Also: Eine von Utes Aufnehmkassetten rein in den Kassettenrekorder aus der Küche und erst mal hören, was da drauf ist: „Och, das ist ja nur Chris de Burgh", sage ich und Maik stellt fest: „Alter Hut!" Also rein damit und: „Aufnahme läuft!"

Wir machen den Bundesligazug vom NDR: „Düüüüü-düdel-düdel-düdel-düdel-düüüü (runter mit der Stimme!) – DÜDÜ! (rauf mit der Stimme!) Düüüüü-düdel-düdel-düdel-düdel-düüüü und so weiter und während im Hintergrund Maik immer weiter „düdeldü" summen muss, melde ich mich aus dem Studio: „Ja, meine Damen und Herren, der Bundesligazug, er rollt wieder! Herzlich Willkommen zum ersten Spieltag der Fußball-Bundesliga. Mein Name ist Günther Maletzko ..."

Als Günther Maletzko, den ich besonders gut finde, weil, er kommentiert immer so super aus der Nase raus, kündige ich die „Bundesliga-Paarungen" an: „HSV gegen Werder ..." und so weiter und so fort. Aber bevor das mit den „Bundesliga-Paarungen" losgehen kann: „Erst mal etwas Musik, meine Damen und Herren!"

Das machen die im Radio in echt auch immer. Weiß der Teufel, warum, schließlich wollen wir ja sowieso nur Fußball hören und nicht Musik! Aber weil die das in echt auch immer machen, müssen wir das auch machen: „Sonst ist das nicht realistisch."

Doof ist das für uns aber immer dann, wenn gerade an der Stelle, an der Maik und ich eine kleine Musikpause „zum Durchpusten" einlegen wollen, gerade keine Musik ist, weil nämlich auf der Kassette, die Ute aufgenommen hat, gerade eine Liedpause ist. Und Maik sagt dann gleich: „Deine Schwester ist echt doof. Warum hat die da kein Lied drauf?"

Zwar kommt dann doch noch ein Lied, aber die Pause ist na klaro drauf und „die hört sich scheiße an". Sagt Maik. Und ich finde das auch.

Aber es muss ja weitergehen. Also kommentiere ich mal weiter. „Wir gehen rüber nach Hamburg, zu Kurt Emmerich!"

Und nun ist Maik dran. „Ja, meine Damen und Herren, hier steht es schon 1:0 für den HSV, durch Jürgen Groh ..."

Und ich unterbreche Maik. „Wieso steht das schon 1:0? Da sind doch erst fünf Minuten gespielt!"

„Ja, und? Ist das verboten, dass HSV ein Tor schießt, oder was? Was bist du eigentlich für ein Fan!?"

„Zumindest bin ich nicht so ein ‚1:0-nach-5-Minuten-Fan' wie du!"

„Pah!"

Und weiter geht das: „Jürgen Groh ist da alleine durch die Bremer Abwehr gegangen und zog einfach mal trocken ab und keine Chance für Dieter Burdenski und Riesenstimmung im Hamburger Volksparkstadion! Ich gebe zurück in die angeschlossenen Funkhäuser!"

„Ja, meine Damen und Herren (die Ansage „Meine Damen und Herren" gehört immer dazu, das machen die im Radio in echt auch immer!), das war Kurt Emmerich und was höre ich? Da ist irgendwo ein Tor gefallen?"

„Jooo, hierrr ist Gerrrd Rrrrubenbauer. Und die Bayern-Sprechchöre sind verstummt. Es steht 1:0 für die Arminia aus Bielefeld und Torschütze in der 7. Spielminute war Grrrregorrr Grrrillermeier. Ich gebe zurück in die angeschlossenen Funkhäuser, oder ist da noch irgendwo etwas passiert?"

„Elfmeter in Hamburg! (Maik nun wieder!) Elfmeter für Werder! (???) Eine umstrittene Entscheidung von Walter Eschweiler. Und Uwe Reinders tritt an und – WOOOOOOAAAAHHHHHHH! (Die Fans rasten aus!) Gehalten! (Ach so!) Uli Stein hält den Elfmeter! Es bleibt beim 1:0 für den HSV!"

Und nun geht es drunter und drüber: „TOOR für die Eintracht aus Braunschweig! 1:0 durch Ronny Worm! Dieser nahm eine Flanke von ..."

„Und TOOOOR in Hamburg! WOOOAAAHHHHHHHHHHH! 2:0 für den HSV! Nach vierzehn Minuten schießt Jürgen Milewski das 2:0. Ein eleganter Heber!" Dann ist ja alles wieder in Ordnung in Hamburg.

Und das findet Maik auch. Und strahlt, weil: HSV führt 2:0.

Und ich strahle auch, weil: „Morgen bin ich aber mal wieder dran mit Reporter sein, O.K.?"

„O.K.!"

Wir spielen heute mit dem TSV Nordstrand bei Frisia Husum und Papa fährt uns da hin und nebenbei denken wir die ganze Zeit daran, wie HSV wohl spielt. Heute ist nämlich vorletzter Spieltag und HSV spielt gegen Frankfurt und die sind ganz hinten, und wenn HSV das gewinnt, dann sind sie eigentlich schon wieder Deutscher Meister. Wie super ist das eigentlich? Seit ich HSV-Fan bin, wird HSV nur noch Meister. Zum dritten Mal schon hintereinander! Super. Wie wir selber spielen, ist uns eigentlich schnuppe, Hauptsache, Maik und ich haben unsere HSV-Pudelmützen im Spiel auf, die bringen nämlich Glück.

Nur mein Papa steht draußen am Spielfeldrand und schimpft: „Los, Jungs! Bewegt euch mal!" Papa tut manchmal echt so, als ob er unser Trainer ist. Wir verlieren mit 0:6 und Maik und ich rennen schnell vom Platz, weil, wir müssen sehen, dass wir nach Hause kommen, damit wir in der Sportschau noch sehen können, wer die ganzen HSV-Tore geschossen hat.

Papa fährt uns nach Hause und während er uns eine kleine Standpauke hält, was wir nicht so schlimm finden, fummelt Papa am Radio rum und immer wieder hört man was von Fußball und das finden wir schlimm: „Bitte Papa! Radio aus!" Und tatsächlich macht Papa das Radio aus, aber er muss ja auch was zu tun haben, die Fahrt dauert schließlich fast zwanzig Minuten, also geht es weiter mit der Standpauke: „Ihr müsst euch einfach mehr bewegen." Und er erzählt allerlei Zeug, das wir nicht kapieren. „Da müsst ihr vorne auch mal pressen!" Und: „Die Falle muss zuschnappen, Jungs! Zuschnappen muss sie!" Und: „Im Deckungsverbund müsst ihr sicherer stehen!"

Wir nicken artig und sagen in regelmäßigen Abständen „Ja, ja" und so und schon fahren wir bei uns auf die Auffahrt rauf.

Es ist schon fast 18 Uhr und gleich fängt die Sportschau an. „Benny Hill" hab ich ja heute leider verpasst. Das kommt immer vor der Sportschau. Maik flitzt schnell rüber und auch ich renne rein und halte mir die Ohren zu und summe laut vor mich hin, damit ich das Radio in der Küche nicht höre, damit die Spannung nicht schon weg ist, wenn ich hoffentlich, vielleicht, höchstwahscheinlich höre, wie HSV in Hamburg schon als Meister mit einem Bus durch die Straßen fährt und eine Riesensause macht. Und dazu sage ich immer wieder, ohne Pause, damit ich auch ja nichts in der Zwischenzeit von den Bundesliga-Ergebnissen mitkrieg: „Hallo-Mama-bitte-nichts-verraten,-ich-will-das-selber-sehen!-Ja,-Fußball-war-super-ja-natürlich-war-das-total-gut,-ich-habe-mich-gut-benommen-bitte-nichts-sagen!"

Aber kaum läuft die Sportschau, ist auch schon klar, wie der Hase läuft. HSV verliert gegen die Bückeltruppe mit 0:2 und jetzt muss HSV am letzten Spieltag in Stuttgart mit 5:0 gewinnen und das wird ja sowieso nichts und das ist so was von scheiße, dass ich erst mal weine und Mama verfluche, weil, sie hatte das Radio schon wieder an, als ich nach Hause gekommen bin und dabei weiß sie doch, dass ich das nicht mag, wenn sie das Radio anhat, wenn ich nach Hause komme und das HSV-Ergebnis noch nicht kenne.

Und Papa hat das Radio im Auto auch kurz angehabt. Der hat also genauso Schuld!

Das wird dann ja mal wieder so eine richtige Blamage, wenn ich nächste Woche zu Maik zum Geburtstag soll und HSV wird kein Meister.

HSV wird nicht Meister

Maik feiert seinen Geburtstag und wir gucken bei ihm Tom und Jerry auf so einer Leinwand. Die ist aber nicht ganz so groß wie die Leinwand, die letzte Woche in der Nordstrander Gaststube gestanden hat. Da ist nämlich das Wanderkino zu Gast gewesen und Maik und ich und ein paar Jungs aus der Nachbarschaft, wir sind da auch hin. Wann bekommt man schon mal bei uns in der Ecke die neuesten, heißen Kinostreifen zu sehen?

Wir haben also unsere letzten Kröten zusammengesammelt und 5 Mark bezahlt und Colawassereis und Pepsi-Cola für noch mal 5 Mark gekauft und dann gab das Bud Spencer und Terence Hill in Aktion. Bud Spencer ist so super wie nur was. Der fackelt nicht lange: Immer gleich auf die Rübe drauf! Den können wir uns stundenlang angucken. Und dann auch noch im Wanderkino!

Nach der Vorstellung sind Maik und ich und ein paar andere hin zu dem Chef von dem Wanderkino. Der steht also neben so einem Transporter und Maik meint noch: „Was für eine Rostlaube! Wenn ich mal Chef von einem Wanderkino bin, dann fahre ich BMW!", und der Wanderkinoheini packt also grad die Leinwand ein und will grad anfangen mit Geld zählen, da frage ich ihn: „Du, wie geht der Film eigentlich aus?"

Weil nämlich: Wir kriegen nur so ein paar Szenen zu sehen, nicht den ganzen Film. Maik meint, die Filmrollen seien zu groß für den ollen Wanderkinoprojektor. Aber Maik kann man ja nicht alles glauben.

Und wie wir so den Chef von dem Wanderkino persönlich fragen, macht der große Augen, dreht sich nach links und nach rechts und sagt hinter vorgehaltener Hand, von wegen: „Seid ihr verrückt?!"

Und wir fragen: „Wieso?"

Und er so: „Na, ihr wollt euch doch nicht die Spannung verderben! Ich komme bald wieder hier nach Norddeich ..."

Ich: „Nordstrand!"

Und der Wanderkinoheini: „… ja ja, Nordstrand, na ja, und dann zeig ich euch das Ende vom Film!"

Und wir drei gucken uns an und jubeln: „Hurra!"

Bei Maik gibt das nicht nur Tom und Jerry, sondern auch Würmer und Wackelpeter und alles ist super, wenn HSV nicht wäre. Und Maik sein Papa. Der ist nämlich mindestens genauso schlimm, wenn das um HSV geht, wie mein Papa und hört überhaupt gar nicht damit auf, die ganze Zeit, während er den Film einstellt, zu sagen: „Du, Acki, wie hat HSV eigentlich letzte Woche gespielt?" Ich lächle ein bisschen und denke mir, vielleicht hört er dann ja damit auf, wenn ich lächle. Das hab ich mal irgendwo aufgeschnappt, dass man so tun soll, als ob das gar nicht schlimm ist, wenn einen jemand ärgert. Man soll dann einfach lächeln und der hört dann auf.

Aber Maik sein Papa hört nicht auf: „Wird HSV heute in Stuttgart eigentlich Meister?" Die ganze andere Bande hält sich die Bäuche vor lauter Lachen über Tom und Jerry und wegen dem ganzen Naschkram, den das heute gibt. Ich sitze hinten und immer wieder wischt mir Maik sein Papa über die Haare, wenn er an mir vorbeigeht. „Nächstes Mal vielleicht, Acki!" Und er lacht dabei so laut, wie dieser Pirat, den ich letztens im Fernsehen gesehen hab: „Harhar!" Und immer, wenn die Flurtür ein Geräusch macht, zucke ich zusammen, weil, da kommt er schon wieder! Kann der nicht mal Maik ärgern? Maik ist doch auch HSV-Fan, fast so doll wie ich.

So geht das bestimmt eine Stunde, aber irgendwann kommt er rein und sagt: „HSV hat 1:0 gewonnen, aber Meister sind die nicht geworden." Einen kurzen Augenblick denke ich, dass Maik sein Papa mich angelogen hat. Zutrauen kann man dem das. Aber selbst wenn nicht: Nächstes Jahr wird HSV sowieso wieder Meister!

Ich bin so was von aufgeregt. Heute ist Mittwoch und HSV spielt gegen Werder und Maik schläft bei mir und wir werden lange aufbleiben und Chips essen und Radio hören und die Zusammenfassung im Fernsehen gucken und dann die ganze Nacht Scheiße bauen, bis Mama reinkommt und sagt: „Jungs, nun ist aber mal gut." Und wir werden sagen: „Jaha!" Und Mama wird sich wieder schlafen legen und ein paar Minuten später wieder in der Tür stehen. Und so weiter.

Acki + Maik

Ich bin schon die ganze Nacht vorher so was von aufgeregt wie nur was, weil: Erstens ist Uli Stein verletzt. Das bedeutet, dass der Ersatztorwart in das Tor muss. Der heißt Uwe Hain und hat fast so eine Dauerwelle wie meine Mama.

Vor allem aber bin ich darum aufgeregt: Immer, wenn Maik bei mir schläft oder ich bei ihm, dann wird das so super wie nur was. Wir tun die ganze Zeit so, als wären wir HSV-Spieler und wir schlafen im Hotel.

Als wir noch klein waren, haben wir immer Horst Hrubesch und Lars Bastrup gespielt und mit den Fernseh-Fernbedienungen immer mit unseren Spielerfrauen telefoniert und gefragt, was unsere Spielerkinder denn so treiben und wie es beim Frisör gewesen ist und was der Hund so macht und ob überhaupt alles in Butter ist. Und mit dem Softball haben wir im Hotelzimmer „Pfeilrückzieher" geübt.

Nun sind Hrubesch und Bastrup allerdings schon längst weg und es ist wieder mal eine neue Saison und wir sind immer Mark McGhee und Gerard Plessers.

Mark McGhee ist ein Schotte und der neue Mittelstürmer. Mark McGhee ist super. Er kann zwar nicht so gut Fußball spielen, aber er ist voll nett und man kann prima englisch sprechen und englisch sprechen kann ich jetzt ja, weil: Ich hab ja Englisch in der Schule.

Gerard Plessers ist ein Belgier und der ist Libero. Und, das Geilste bei Gerard Plessers: Er macht die supersten Rückpässe zu Uli Stein. Dann steht er ungefähr an der Mittellinie und weiß nicht, wohin mit dem Ball und dann knackt er ihn halt zurück zu Uli. Soll der doch sehen, wohin mit dem Ball! Gerard Plessers ist super. Außerdem kann der mit Mark McGhee auch englisch sprechen. Dann passt das ja, dass die beiden zusammen auf einem Hotelzimmer liegen und mit ihren Frauen telefonieren und sich mit einem Softball ein bisschen warmspielen für das Spiel am nächsten Tag.

Ich hab also die ganze Nacht nicht geschlafen, weil ich so aufgeregt bin. Ein Glück, wir haben heute schulfrei und Maik kommt früh am Nachmittag und wir machen all die Sachen, die wir immer machen und dann kommt das Spiel und das Gute: Werder kommt gar nicht vor das HSV-Tor, und wenn, dann ist Uwe Hain da und hält den Ball. Das sagen sie zumindest im Radio.

HSV gewinnt mit 2:0. Und das 2:0 schießt Thomas von Heesen, von dem Papa auf dem Sofa sagt: „Was hat der denn für ein Vogelnest auf dem Kopf? Unmögliche Frisur!"

Papa soll sich melden! Ich mag das nicht, wenn Papa rummeckert.

HSV spielt gegen Bayern und ich fahr mit Papa nach Hamburg hin und Mama sagt, wie wir gerade losfahren: „Schön aufpassen, Acki, schön aufpassen!"

Und schon auf der Hinfahrt ist Papa nur am Quaken, was Mark McGhee doch für eine Pflaume ist, und ich denke, wenn hier einer aufpassen muss, dann ja wohl Papa, so ein loses Mundwerk, wie der hat. Der soll man im Stadion nicht an den

Falschen geraten. HSV hat letzte Woche zwar bei Bayer Uerdingen verloren, aber was Papa hier so alles vom Stapel lässt, geht doch zu weit. McGhee eine Pflaume? Dann kann Papa ja mal nach unten gehen und mitspielen und dann kann er mal sehen, wo er bleibt! Selber Pflaume!

Als wir im Stadion sind, da sehe ich, wo wir bleiben. Das Stadion war nämlich schon ratzeputzevoll, so hat Papa nur noch Karten für die Ostkurve bekommen. Nicht zu fassen! Aber groß am Meckern! HSV spielt gegen Bayern und wir stehen in der Ostkurve! Die Westkurve auf der anderen Seite sieht heute besonders super aus und wie ich so in der Ostkurve stehe und zu meinem Papa rübergucke, da denke ich: „Mannmannmann!"

Und als das Spiel anfängt und mein Papa weitermacht mit Meckern gegen McGhee, da denke ich, dass ich langsam alt genug bin, bald mal alleine ins Stadion zu gehen. Und ich überlege schon, wo ich später Dosenbier kaufen kann, da schießt Mark McGhee vom Strafraumeck auf das Tor. Und drin ist er und Papa und ich umarmen uns und Papa schreit: „Ein Supertor von McGhee!"

Und ich gucke Papa das ganze Spiel über von der Seite an und bin richtig stolz und freue mich, dass er McGhee jetzt auch super findet. Genauso wie ich!

Abends, im „Aktuellen Sportstudio" im ZDF, sagen dann alle, dass McGhee flanken wollte und nicht schießen. Und weil der Wind so doll war, ist der Ball „aus Versehen" in das Bayerntor reingegangen. Und das Tor wird „Windtor" genannt und mein Vater muss dann auch noch seinen Senf dazugeben: „Kein Wunder. Ohne den Wind hätte McGhee in zehn kalten Wintern kein Tor geschossen. Die Pflaume."

Und ich Blödmann dachte, Papa ist jetzt auch McGhee-Fan. Ich hätte das besser wissen müssen …

Heute spielt HSV bei uns, fast um die Ecke, in Niebüll. Klar, dass Papa und ich da hin müssen. Zumindest ich: „Fahren wir nun da hin, Papa, fahren wir da hin?", bis er irgendwann sagt: „Ja."

Ich stehe also schon ganz früh am Morgen auf, weil ich ja schließlich das Auto für das große Spiel schön herrichten muss. Soll ja jeder sehen, dass wir zum HSV fahren. Ich ziehe also dem HSV-Schlumpf den Schal, die Mütze, den Pulswärmer aus. Außerdem hab ich noch die Bettwäsche von oben geholt und dann alles schön sauber auf die Rückbank von Papas neuem Opel Rekord gelegt.

Leider hat Papa den Blumenkranz, den unsere Nachbarn letzte Woche an die Stoßstange geflochten haben, schon abgenommen. Wir sind letzte Woche, glaube ich, jeden Tag über die Insel gefahren, damit auch alle sehen, was wir für eine neue Karre haben. Und dann sind wir an Maik vorbeigefahren und ich hab schön das Fenster runtergekurbelt und dann gerufen: „Ey, Maik! Geile Karre, was!?" Der hat vielleicht Augen gemacht!

Maik

Wir kommen in Niebüll an und Papa bezahlt für mich und für sich und vergisst – na klaro – nicht, ordentlich über diese „total wahnsinnigen Eintrittspreise" von knapp fünf Mark zu fluchen: „Beim TSV Nordstrand kommt man noch für 'n Appel und 'n Ei rein, Leute! Für 'n Appel und 'n Ei!"

Das Spiel soll bald losgehen und ich stehe vor den Kabinen rum und mache ein wenig Smalltalk, wie man unter den Erwachsenen sagt, mit den Sparringspartnern der Stars. Und die jungen Dachse (das sagt mein Zweitlieblingsradioreporter Günther Koch immer zu jungen Spielern) Bernd Bressem und Jens Duve und Ersatztorwart Uwe Hain werden von mir auch über allerhand Weltbewegendes befragt. Weil nämlich: Ich will doch wirklich mal aus erster Hand wissen, ob Uli Stein eigentlich nett ist und die WM in Mexiko und das ganze Trara gut überstanden hat, warum McGhee verkauft worden ist, ob die den Schnauzbart von Heinz Gründel auch so gut finden wie ich, ob Jakobs sich in der Kabine rasieren tut und was Kaltz so von zu Hause erzählt: „Ist das mit ihm und seiner Frau wieder alles roger, Leute?"

Dann kommt das aber ganz dicke: Plötzlich spaziert Manni Kaltz aus der Kabine und will an mir vorbei. Ich fall fast in Ohnmacht, so unglaublich, wie ich das finde. Und Kaltz guckt ziemlich grimmig aus der Wäsche und dann berührt er mich ein bisschen und ich denke noch: „Wie super ist das denn? Manni Kaltz berührt mich!"

Und dann sagt Manni Kaltz laut: „Hau ab du Klotz!"

Ich dreh mich noch mal kurz um und frage mich empört, was für ein frecher Fettwanst da Manni Kaltz den Weg versperren will, aber da steht niemand anderes. Manni Kaltz meint mich. Und ich fang gleich damit an, mich zu entschuldigen, weil, das will ich ja nicht, Manni Kaltz den Weg versperren. Und Kaltz winkt genervt ab und ich find das noch voll nett, dass Kaltz nicht noch weiter pöbelt und bin dann zu Papa hin, um zu erzählen: „Ich hab Kaltz den Weg versperrt!"

Und Papa fragt: „Und, was hat Kaltz gesagt?"

„Hau ab, du Klotz!"

Und Papa sagt: „Was für ein Riesenarschloch ist das denn bitte?!"

Und: „Na warte, der kann was erleben!"

Und schon ist Papa unterwegs, Richtung Spielfeldrand. Als Manni Kaltz einige Minuten später da vorbeirennt, kann ich meinen Papa deutlich hören: „Kaltz, du Opa!" Und: „Du Arsch!" Und das hier auch: „Kannst das ja mal mit mir aufnehmen, falls du dich traust!" Und noch einiges mehr. 45 Minuten lang macht mein Papa ein Riesenspektakel an der Außenlinie und ich denke: Was Papa an Beleidigungen draufhat, einfach stark, bleibe aber lieber weiter hinten stehen, weil ich auch denke: Das ist wohl besser so, nicht, dass Kaltz mich neben meinem Papa stehen sieht und dann noch saurer auf mich wird. Und wenn ich denn noch daran denke, was meine Mama zu dem ganzen Kram hier sagen würde, wenn sie das mitbekommen würde, dann aber Prost Mahlzeit!

Papa schimpft über Kaltz

Als ich abends im Bett liege und die HSV-Torschützen vom 7:1-Sieg aufschreibe, da denke ich: Kaltz hat das bestimmt nicht so gemeint. Und dann kommt Papa noch nach oben, um mir gute Nacht zu sagen und wir sprechen noch ein bisschen über das Spiel und ich frage Papa, ob er glaubt, dass HSV mal wieder ganz oben in der Tabelle landen kann und was er von Heinz Gründel hält und ob er denkt, dass Kaltz jetzt sauer auf mich und auf ihn ist, weil wir ihm erst den Weg versperrt und ihn dann auch noch wie nichts Gutes angepöbelt haben und da kommt mein Papa ein bisschen weiter runter und sagt: „Junge merk dir eins …" Und ich denk noch, wie lieb ich Papa hab und dann hat er jetzt auch noch einen guten Ratschlag für mich! Papa ist vielleicht 1a!

Und Papa beugt sich runter und sagt: „Junge merk dir eins: Kaltz ist und bleibt ein Arschloch."

Endlich ist **HSV mal wieder Zweiter** und vielleicht werden sie Meister, vielleicht aber auch nicht, weil: Bayern ist Erster. Und nun spielt Bayern in Hamburg und Papa und ich fahren da schon wieder mit der Bahn hin. Und so langsam traut meine Mama der ganzen Sache mit dem Stadion über den Weg und sagt zwar kurz „Passt auf euch auf!", aber sie macht dabei nicht so ein besorgtes Gesicht wie noch beim letzten HSV-Spiel, zu dem Papa und ich gefahren sind. Ich bin jetzt 14, also schon fast erwachsen, da muss man sich um mich keine Sorgen mehr machen.

Und alles ist super und wie immer: Ich steh die ganze Fahrt im Flur rum, weil, „gleich kommen die Flutlichtmasten", und in Hamburg gehen wir zu McDonald's und dann steigen wir in die S-Bahn und dann geht das aber ganz anders los als bei meinen bisherigen HSV-Heimspielen. Das Spiel heute ist ausverkauft, weil, das geht um alles und außerdem ist das ja auch Bayern, da ist das Stadion „rammelvoll", wie Papa meint. Und wir stehen zum ersten Mal in der Westkurve! Papa ist spitze!

In Stellingen steigen wir aus und dann ist das alles ein einziges Gedrängel und Gezerre und Gerülpse und Gebrülle und ich finde das alles so super, dass ich gar nichts anderes mehr machen möchte, als nach Hamburg zu fahren und in Stellingen mit rülpsenden und brüllenden Leuten rumzulaufen und mich auf HSV zu freuen.

Und wie ich das denke, da gehen wir in den langen Tunnel rein, der von der S-Bahn zum Stadion führt und unter den Schienen entlang geht und Papa will immer, dass ich nicht weg gehe und in seiner Nähe bleibe und sagt: „Ich bin so was von mit den Nerven zu Fuß, Acki!"

Ich denke noch, dass ich kein Baby bin und wir also rein in den Tunnel und dann sind wir grad so richtig drinne im Tunnel, da rennen von vorne die Leute in unsere Richtung.

Und mein Papa hat sofort den totalen Durchblick: „Acki, komm! Wir stellen uns an die Seite!" Und wir stellen uns an die Seite und wollen die Leute an uns vorbeirennen lassen, weil: „Keine Panik auf der Titanic, Acki!"

Doch als wir gerade denken, dass alles in schöner Ordnung ist, da merkt Papa: „Da ist Tränengas im Spiel!“

Wir rennen also auch mit den Leuten aus dem Tunnel raus und wie ich das Wort „Tränengas“ höre, da tränen mir die Augen schon. Und die tränen den ganzen Tag und während dem Spiel auch und das geht 1:2 für Bayern aus und da kann man ja nur froh sein, dass einem schon während dem Spiel die Augen getränt haben, da muss man wenigstens nach dem Spiel nicht mehr groß weinen.

Papa ist wegen „dieser verdammten Fußballkrawalle“ mit den Nerven ziemlich schlecht unterwegs und ihm „schwillt ganz gehörig der Kamm“, wie er sagt, und darum schockt das nicht so richtig. Er lässt mich die ganze Zeit nicht aus den Augen und fummelt ständig an mir rum und hier „Achtung!“ und da „Vorsicht!“

Ich kann mir richtig vorstellen, was die harten HSV-Rocker neben uns, die Dosenbier ins Stadion mit reingeschmuggelt haben und, nachdem sie das ausgetrunken haben, einfach in die Menschenmenge reinwerfen und dafür von meinem Papa sich gehörig was anhören dürfen, zu mir sagen, wenn ich in ein paar Jahren alleine ins Stadion gehe: „Ey, bist du nicht der mit dem Vater, der uns 1987 gegen Bayern krumm angemacht hat, als wir die leeren Dosenbiere in die Menschenmenge geworfen haben?!“ Oh Mann.

Kapitel Zwei

Es ist zum A-u-s-f-l-i-p-p-e-n: HSV hat es nicht mal in den UEFA-Cup geschafft! Nach 1:3-Rückstand gewinnt HSV gegen Dortmund kurz vor Schluss durch ein Tor von Jakobs noch 4:3. Trotzdem kommt Nürnberg in den UEFA-Cup und nicht HSV, weil Nürnberg in der 90. Minute gegen Kaiserslautern Glück hat und Harald Kohr, die olle FCK-Krampe, das leere Tor nicht trifft. Sonst hätte das 3:3 gestanden und gut! Aber am Arsch mit gut. Am Arsch! Ein Superscheißjahr!

Außerdem bleibe ich sitzen und weiß das jetzt schon, weil ich einfach zu doof bin, um Physik und Mathematik zu kapieren. Ich hatte schon im Halbjahreszeugnis an die acht Fünfen und hab mich kräftig angestrengt, davon runterzukommen. In sechs Fächern hab ich das auch geschafft. In Französisch hat Mama sogar diese blöde Lektüre über Nacht für mich gelesen, damit ich wenigstens weiß, wer diese komische Person da auf dem Titelbild ist und was der Name des Buches überhaupt bedeutet und am nächsten Tag das Referat darüber halten kann, aber das bringt dann doch alles nichts: Ich bleib auf meinen und wegen meiner zwei Fünfen in Mathe und Physik kleben und mein Mathelehrer verklickert mir schon kurz vor den Sommerferien: „Für dich geht das um nichts mehr, Acki. Mach dir bis zu den Sommerferien doch noch ein paar gemütliche Tage und konzentrier dich aufs Fußballspielen."

Morgen fängt die Schule wieder an. Wenn ich nur noch einen Wunsch frei hab bis morgen, dann doch wohl ganz sicher den hier: Bloß nicht in die Klasse von diesem Barny rein. Das ist der schlimmste Klapskalli an der Schule und wenn ich zu dem in die Klasse komme, dann aber Arschlecken! Der macht alle frisch, die nicht schnell genug auf den Bäumen sind, und, mal ganz ehrlich: Ich bin zu dick, ich bin ziemlich dumm, ich bin HSV-Fan und meine Eltern vertragen sich immer weniger. Wen, wenn nicht mich, kann man besser fertig machen?

Und tatsächlich komm ich zu Barny in die Klasse. Ab sofort bin ich Freiwild und zum Abschuss freigegeben. Vielen Dank, liebe verantwortliche Lehrkraft! Vielleicht machen Sie sich ja mal klar, was Sie mit dieser Entscheidung angerichtet haben!

Barny

Ich geh also in meine neue Klasse rein und irgendwie ist mir sowieso hier bald mal alles egal. Vernünftige Plätze sind eh nicht mehr frei, da kann ich mich also getrost gleich auf den Deppenplatz neben die Bohnenstange ganz vorne setzen. Das macht die Sache leichter, denke ich, sich gleich mit dem Schlimmsten zu arrangieren und das Schicksal mit Würde zu tragen.

Ich dreh mich um. Barny guckt so komisch. Jetzt steht er auf. Und der Typ, der neben ihm sitzt, steht gleich mit auf. Na schön. Gleich hab ich es hinter mir. Sie werden mich bepöbeln und dann ist gut. Notfalls kann ich immer noch auf Klo rennen und weinen und in Selbstmitleid baden. Gut zu wissen. Selbstmitleid wird sowieso total unterschätzt! Ich finde, das ist die allerbeste Möglichkeit, mit Erniedrigung und Schmerz umzugehen. Sich grundanständig verkriechen und weinen und alles und jeden verfluchen.

Barny steht neben mir. „Hi. Ich bin Barnaby. Aber sag das ja nie zu mir! Für dich bin ich Barny." Und ich sage: „O.K., verstanden. Ich bin Acki." Und der Typ, der neben Barny steht, der sagt: „Wissen wir doch." Und Barny sagt: „Wir haben gleich Freistunde. Kommst du mit, Billard spielen?" Ich weiß ja nicht, welche Taktik das nun wieder sein soll.

Wir gehen also Billardspielen, was sofort schockt, weil wir die einzigen Jugendlichen in dem Laden sind. Sonst hängen da nur Arbeitslose mit Fetthaar und irgendwelche Nutten nach der Nachtschicht rum. Sagt Barny.

Und außerdem sagt Barny, dass er das cool findet, dass ich HSV-Fan bin und immer mit HSV-Schal rumlauf: „Das ist richtig cool, dass du auf dem Gymnasium wie der letzte Penner rumläufst, mit Fußballschal und so einer asozialen Jeans dazu. Echt geil."

Ich weiß zwar nicht, was er mit asozialer Jeans meint, aber als er sagt, dass er morgen auch mal mit HSV-Schal zur Schule kommen will, da hab ich so richtig das Gefühl, dass Barny mich gut findet und ich jetzt auch mal wieder so ein bisschen Chef bin und sage, wohin der Hase läuft. Fast so wie früher auf dem Bolzplatz mit Maik, wenn ich HSV gespielt hab und Maik im Tor stehen musste.

Es läuft in der Schule gar nicht mal so schlecht. Ich komme im Unterricht halbwegs mit und keiner hänselt mich, im Gegenteil, ich gehöre fast schon wieder zu den Coolen, weil ich immer kräftig Billard spiele in den Freistunden und Barny will außerdem, dass ich bald mal mitkomme nach Hattstedt, zum TSV, wo er Fußball spielt. Das passt ja gut, finde ich, ein bisschen mehr Sport kann mir nicht schaden. Und Barny guckt an mir runter und meint: „Einen Rammbock können wir vorne drin sowieso noch gut gebrauchen!"

Ich denke, dass ich lieber ein wieselflinker Stürmer wie früher Bastrup wäre, aber O.K., Hrubesch war auch ein Rammbock und wenn das fürs Erste meine Aufgabe ist, dann soll das wohl so sein. Gibt Schlimmeres.

Mama und Papa haben sich nicht mehr viel zu sagen. Das ist zwar total scheiße und immer, wenn ich zu viel Zeit zum Nachdenken hab, dann verzieh ich mich in mein Zimmer und höre ‚The Smiths' und bade ein bisschen im Selbstmitleid, aber eigentlich ist mir das alles im Moment auch fast egal, weil ich mich einfach auf Freunde und Fußball und HSV und so ein bisschen auch auf Schule konzentrieren kann.

Barny hat mir gesagt, dass ich ihn gut mal mit zum Fußball nehmen kann. Er ist auch voll HSV-Fan, sagt er, zwar nicht so schlimm wie ich, aber das wird schon noch, sage ich. Er war noch nicht so oft da und deswegen muss ich ihm immer sagen, wie das so ist, in der Westkurve.

Und ich erzähle ihm – na klaro – immer haargenau, was so Sache ist. Wie die neuesten Schlachtrufe gehen, wo die ganz harten Macker in der Kurve stehen und so weiter und so fort. Ich bin ja schließlich auch fast schon einer von den ganz Harten, seitdem ich jetzt Barny kenne und immer Billard spiele. Und als Barny und ich letztens in der Stadt waren, da haben wir einen mit langen Haaren und einer AC/DC- und HSV-Kutte gesehen und da hat Barny erst mal gar nichts gesagt, außer: „Voll cool!"

Da hab ich mir auch mal eine HSV-Kutte gebastelt und ich hab auch schon ein paar Aufnäher, wie „Bayern, nein danke!" und „Mighty HSV" und eine Kordel und den großen Aufnäher „Westkurve, Block E" hinten drauf, genau rechtzeitig, würde ich mal sagen, weil: Morgen spielt HSV gegen St. Pauli.

St. Pauli ist gerade erst in die Bundesliga aufgestiegen. Das finden wir eigentlich alle toll, weil: Die sind nicht so gut und haben das letzte Spiel gegen HSV, im Pokal, mit 6:0 verloren, was ja so super wie nur was ist. Da muss man sich also keine Sorgen machen, und außerdem ist das ja auch ein Hamburger Verein und die muss man ja auch unterstützen und das tut Hamburg gut und so. Hat auch Papa letztens gesagt und das findet Maik auch.

Ich hab noch nie ein Spiel von St. Pauli live gesehen und weiß auch gar nicht, ob es die schon länger als ein paar Jahre gibt. Zumindest hab ich Anfang der 80er Jahre, als ich mit Fußball angefangen hab, von St. Pauli gar nichts gehört. Höchstens mal im Radio, wenn am Sonntagnachmittag die Ergebnisse der Oberliga Nord erzählt wurden: Wie hat der VfL Wolfsburg mit Frank Plagge gespielt? Und Oldenburg? Und Lurup?

Barny kann leider nicht mit, weil, er hat selber ein Fußballspiel, aber er erzählt, „schon fürs nächste Mal, Acki!", dass das örtliche Busunternehmen ‚Feddersen' oft nach Hamburg zum HSV fährt, wovon ich noch gar nichts wusste, und er meint, dass wir bald mal mit denen mitfahren müssen, weil: „Dann saufen wir mal einen!" Das finde ich natürlich stark. Endlich mal saufen. Hab ich noch nie so richtig gemacht.

Bis das soweit ist, fahre ich, das ist ja so Tradition in meiner Familie und kostet uns ja auch nicht die Welt, mit der Bahn alleine nach Hamburg.

Maik kommt auch nicht mit. Erstens, weil er ein bisschen die beleidigte Leberwurst spielt, weil ich mich nicht mehr so oft bei ihm melde. Wie auch? Ich bin ja auch ständig mit Barny unterwegs! Typisch Maik! Außerdem darf er nicht, weil seine Mama spitz gekriegt hat, dass er den Garten von Hein Oog planiert hat: Keine Tor-Netze, keine Blumen. Ein Glück hat Maik nicht erzählt, dass ich auch dabei gewesen bin. Das hätte was gegeben zu Hause!

Ich gehe also alleine zum Bahnhof und sicher mir für morgen mein Ticket. Schön im Raucherabteil, damit ich möglichst nah bei den harten HSV-Rockern sitzen kann. Ganz bestimmt wird das total stark, morgen!

Das ist doch eine Katastrophe! Das erste Mal fahre ich alleine mit dem Zug nach Hamburg und kein richtig harter HSV-Rocker fährt in dem Zug mit, nur so ein paar Babys, höchstens sechzehn Jahre alt, die wohl zum ersten Mal alleine hinfahren. Ich langweile mich also im Zug und erst kurz, bevor die Flutlichtmasten zu sehen sind, werde ich ganz kribbelig und stelle mich in den Flur, um mal nach dem Rechten zu sehen. Eins steht ja mal fest: Die Flutlichtmasten vom Volksparkstadion finde ich immer noch fast genauso super wie am ersten Tag.

Als die ganzen Babys sich zu mir auf den Flur stellen, gehe ich aber lieber wieder in mein Raucherabteil rein, ich will ja nicht mit diesem Kleingemüse gesehen werden.

In Altona angekommen, gehe ich auf eine Pommes kurz zu McDonald's rein und steige dann in die S-Bahn, wo ich mich schon wunder, warum so viele Leute braun-weiße Mützen und Schals anhaben.

Im Stadion ist dann erst mal alles wie immer: Ich stelle mich in Block E rein, ganz an die Seite, schön hinter einen Wellenbrecher, wie Mama mir das gesagt hat, damit, wenn alle nach einem Tor vor lauter Freude hinfallen, ich nicht auch hinfalle, weil, ich stehe dann ja hinter dem Wellenbrecher. Und so ein bisschen hab ich das Gefühl, dass das heute so ein bisschen komisch im Stadion ist. Man sieht fast keine HSV-Fahnen und fast nur St. Pauli-Kram.

Dann schießt aber Manfred Kaltz das 1:0 für HSV und ich jubele und falle nicht hin und freue mich mal wieder über meine Kutte, die ich anhab. Hab gerade noch letzte Woche einen neuen Aufnäher gekauft, den Mama mir gestern Abend während ‚Aktenzeichen XY' noch drangenäht hat: „Ich bin stolz, ein echter HSV-Fan zu sein!" Worauf du einen lassen kannst, denke ich, als ich den Aufnäher angucke und weiterjubel.

Acki

Kurze Zeit später gibt es eine große Aufregung. „Oliver Bierhoff ist so blind!" Das ruft der HSV-Fan hinter mir und er ist kurz davor in seinen HSV-Hut reinzubeißen. Bierhoff hat nämlich gerade das 2:0 auf dem Schlappen gehabt und da wäre das dann ja wohl amtlich gewesen, aber er knackt die Kirsche drüber und auf der anderen Seite hat Onkel Jupp, der HSV-Torwart, plötzlich keine Chance und da ist auch schon das 1:1.

Wie aus heiterem Himmel schießt St. Pauli das 1:1, und was soll ich da noch groß zu sagen: Das ganze Stadion jubelt! Sogar die Westkurve. Nur Block E, also die ganz Harten, wie ich, die stehen wie angewurzelt da. Man kann sogar sagen: Wie bestellt und nicht abgeholt. Aber ansonsten ist im Volksparkstadion totales Remmidemmi angesagt. Alle sind am Abflippen! Ich gucke so um mich rum und wie ich so rumgucke, da denke ich: St. Pauli ist überhaupt nicht niedlich. Die sind doof. Die kommen einfach so in die Bundesliga rein und bringen alles durcheinander. Ich will, dass die sofort wieder absteigen und mich und HSV in Ruhe lassen.

St. Pauli ist doof

Als wenn das gestern noch nicht gereicht hätte: Paul aus der Parallelklasse ruft mich an und sagt: „Acki, ich bin jetzt St. Pauli-Fan." Gerade Paul, der soll sich melden. Interessiert sich einen feuchten Scheiß für Fußball und guckt mich mit meinem HSV-Schal in der Pausenhalle immer so an, als ob ich der letzte Pfosten vom Land wär.

Na ja. Der Paul eben, der ruft mich an und erzählt, wie er gestern in Hamburg war, „eigentlich rein zufällig", weil „so Freunde" von ihm „so'n paar Typen kennen", die seit Neuestem „zu St. Pauli gehn" und da ist er dann mit, weil, er dachte: „Das könnte doch mal ganz lustig werden." Ich frage ihn, was er unter „ganz lustig" versteht und Paul versteht darunter das hier: „Ja, nicht immer nur saufen und gröhlen und rülpsen, sondern ganz zivilisiert Spaß haben. Halt nicht so typisch fußballmäßig, du weißt schon."

Ich weiß gar nichts. Also erzählt mir Paul von gestern und wie cool er die ganzen Leute fand, die in schwarz und „nicht so typisch fußballmäßig" rumlaufen und „total peacig" drauf sind und nicht so gewalttätig und: „Einige von denen haben sogar gekifft, Acki."

Und wie er mir so sagt, dass er da jetzt immer hin will, weil, er meint: „Mehr Spaß geht nicht", da frag ich mich, woher Paul denn weiß, dass Fußballfans sonst immer gewalttätig sind und nicht kiffen und nicht schwarze Klamotten tragen. Also frage ich Paul: „Woher weißt du denn bitteschön, dass Fußballfans sonst immer gewalttätig sind und nicht kiffen und nicht schwarze Klamotten tragen?"

Paul hat dafür eine einfache Erklärung parat: „Na, das weiß man doch. Selbst, wenn man sich nicht so für Fußball interessiert."

Jetzt juckt mich das dann aber doch wie 'ne Tüte Mücken, ihn mal zu fragen, warum er überhaupt anruft, um mir hier früh am Morgen einen vom Pferd und von St. Pauli zu erzählen. Überhaupt klär ich Paul mal lieber auf, was ich von der ganzen Chose und dem Telefonat hier gerade halte: „Du hast doch keine Ahnung, Paul. Gehst einmal zum Fußball und spielst dich hier auf."

Er soll ruhig merken, dass ich, bei all den Sachen, die ich vielleicht nicht gut kann, zumindest eines gut kann und keine Lust habe, mir das streitig machen zu lassen: Fußball gucken. Er soll ruhig wissen, dass er sich auf falschem Gebiet befindet, dass er sich lieber wieder zurück in seine Politik- und Punkmusikecke verdrücken und mich in meiner Fußballecke alleine lassen darf.

„Warum rufst du mich überhaupt an?"

„Na, weil ich mit dir über Fußball reden und dann auch noch wissen wollte, wann St. Pauli das nächste Mal spielt und gegen wen. Und wo ist noch mal genau das Stadion von denen?"

„Das fragst du mich? Woher soll ich das denn wissen?"

„Weiß man so was nicht, als HSV-Fan?"

„Nö."

„O.K., dann tut mir das leid, dass ich dich gestört hab. Tschüs, bis morgen in der Schule!"

Im Kicker steht, dass St. Pauli am Freitag gegen Kaiserslautern spielt. So langsam wird mir dieser Verein wirklich lästig.

Paul ruft an

Barny und ich sind nun wirklich die allerbesten Freunde. Wir beschmieren alle Tische in der Schule mit „HSV" und „HSV ist super" und „HSV? Genau!" Und wir sind auch die einzigen, die sich an unserer Schule klamottentechnisch als Fußballfans zu erkennen geben. Barny treibt das Ganze auf die Spitze, indem er sich an seine Jeansjacke einen HSV-Rückenaufnäher mit einem Adler mit ausgebreiteten Flügeln draufgenäht hat. Und ich hab immer noch meinen Schal um, jeden Tag: ‚HSV, die Macht von der Elbe'. Und irgendwann gehe ich auch mal mit meiner Kutte in die Schule, vielleicht.

Kurz gesagt: Wir sind also totale Außenseiter im Intellektuellenlager, was wir so super wie nur was finden, und seitdem ich Barny erzählt hab, wie ich immer alleine nach Hamburg fahre, will Barny diesmal mit, weil, da spielt am Donnerstag nämlich HSV. Mal wieder gegen St. Pauli. Und mir reicht das jetzt echt mit St. Pauli, weil: Alle reden nur noch von St. Pauli, keiner mehr von HSV.

Bis auf uns. Wir rufen schon seit Tagen in jeder kleinen und großen Pause bei Reisedienst Feddersen an und nerven rum und versuchen, die weichzukochen. Ständig fragen wir: „Fahrt ihr zum HSV-Spiel nach Hamburg?"

Und immer die gleiche Antwort: „Wir haben euch doch schon gesagt, dass wir mindestens zwanzig feste Anmeldungen brauchen, bevor wir einen Bus losschicken!" Also haben wir noch einiges zu tun. Der nächste Heimspieltag wartet schon und wir sind erst zu dritt, Maik mit eingerechnet, denn, große Überraschung, Maik hat letztens am Telefon gemeint: „Ich finde, wir können gut mal wieder zusammen los." Und dass, obwohl ihm die Typen vom „Gumminasium", mich eingeschlossen, nicht so ganz geheuer sind.

Und ein paar Tage später stehen wir nun zu zehnt am Husumer ZOB und warten auf die restlichen zehn Fußballfans, die sich auch für die Fahrt zum Spiel in Hamburg angemeldet haben. Barny hat sich drum gekümmert: „Null Problemo, Acki. Wir werden voll, ich hab mich drum gekümmert." Von den Leuten, die „gleich kommen, keine Sorge!", ist aber noch nichts zu sehen.

Die Zeit vergeht und so langsam werden wir und der Busfahrer ungeduldig. „Kann das jetzt mal losgehen oder kann das jetzt mal losgehen?", fragt einer den Busfahrer. Der heißt August, das hat er uns gleich am Anfang gesagt. Und wir haben gleich mal „August! August!" gerufen, zum einen, weil man das so macht, wenn man zum Fußball fährt und der Busfahrer August heißt und zum anderen, damit er das auch ja gut mit uns meint und dann hat er uns noch gesagt, dass wir gerne Kassetten nach vorne geben dürfen und dann hat er noch gesagt, dass wir uns ruhig verhalten und uns benehmen sollen.

Wir sitzen also im Bus und sind insgesamt zu zehnt. Nach ein paar Minuten, Maik meint schon, dass wir nie loskommen, geht Barny nach hinten zu den alten HSV-Rockern in die letzte Reihe und die rufen direkt danach: „Los August, fahr los, sonst geht hier gleich mal was anderes los, hier!" Und August fährt los. Mit zehn HSV-Fans im fetten Reisebus nach Hamburg.

Barny

Wir haben also richtig viel Platz und mümmeln uns mal so richtig gemütlich in die Bänke rein, zumindest bis August dann und wann mal, natürlich nur zu uns und nicht zu den beiden harten HSV-Rockern in der letzten Reihe, sagt: „Ey, Junge, benimm dich!" oder „Ordentlich hinsetzen da!" oder „Willst du aussteigen?!"

Wir unterhalten uns also leise und freuen uns auf das Spiel. Ich denke noch darüber nach, dass ich ja eigentlich Paul hätte Bescheid sagen können, dass wir mit dem Bus nach Hamburg hin fahren und ob er nicht auch mit will. Auf der anderen Seite wäre das vielleicht doch nicht so richtig was geworden mit ihm und den beiden HSV-Rockern in der letzten Reihe, denke ich mal.

Wir kommen am Stadion an, viel zu spät, weil wir an jeder Teekanne halten müssen, weil Barny mit seiner Blase mal wieder keine zehn Minuten ohne Pinkelpause übersteht, oh Mann! Aber wir schaffen das noch gerade rechtzeitig, uns in den völlig überfüllten Block E reinzuquetschen, nachdem wir fast ausgerastet sind, als wir die letzten Stufen zum Block hochgerannt sind und dann das Flutlicht und die ganzen Zuschauer und die orangefarbene Rauchbombe sehen, die gerade vor der Westkurve gezündet wird. Das ist Fußball! Und darum rufen wir auch: „Fußball! Fußball!" Da singt zwar keiner mit, aber wir freuen uns, weil: immerhin sind wir im Block E. Das ist die Hauptsache.

Und Barny stimmt gleich mal an: „Die Scheiße kommt vom Millerntor, du dei, du dei! Die Scheiße kommt vom Millerntor, du dei, du dei dey!" Und nachdem Barny damit angefangen hat, machen alle mit und Barny guckt stolz zu mir rüber, zeigt mit dem Daumen auf sich selber und grinst.

Das Spiel geht richtig ab, mit Fouls und Schüssen und so und St. Pauli führt schnell durch ein Wahnsinnstor, das nur fällt, um mich zu ärgern, denn eigentlich geht so ein Ball gar nicht rein: Rüdiger Wenzel trifft mit der Hacke aus, sagen wir mal, dreißig Metern für St. Pauli. Horror! Die HSV-Fans um uns herum sind giftig und rufen allerlei Nichtjugendfreies und überall ist Rauch und es ist dunkel und bedrohlich und der Duft der Rauchbomben legt sich während des ganzen Spiels nicht mehr. Ich denke kurz an Mama.

Dann flipp ich aus, weil: HSV schießt das 1:1 und schießt das 2:1 und alle um uns herum sind am Ausflippen, „haben wir es den Zecken endlich mal wieder gezeigt", höre ich neben mir und dann ist Schluss und wir kämpfen uns bis nach unten an den Zaun, wo ich glaube, Jan Furtok, den Stürmer vom HSV, der so einen super Schnurbart hat und dazu auch noch eine Vorne-kurz-hinten-lang-Lockenfrisur berührt zu haben. Vielleicht war das aber auch der eine Typ von der letzten Bank aus unserem Bus.

Auf der Rückreise, da bin ich erst mal ziemlich kaputt und glücklich und will mich mal so richtig langmachen, da setzt sich mein guter, alter Freund Barny neben mich und wir reden über das Spiel und wir sind so verdammt glücklich, dass wir gewonnen haben und er nimmt mich so richtig väterlich in den Arm, und das finde ich richtig gut, manchmal sollten Männer sich auch mal umarmen, vor allem wenn HSV gegen St. Pauli gewonnen hat, und sagt: „Was für ein Glück, dass wir doch noch losgekommen sind, was?"

Und ich wundere mich: „Ja, schon, aber wo sind denn bloß die zehn Leute geblieben, die noch angemeldet waren?"

„Du stellst Fragen", sagt Barny und schaut aus dem Fenster.

W**as auch immer nun mit der DDR wird** ist mir egal. Mauerfall – na und? Hauptsache, wir kommen rechtzeitig los nach Hamburg. HSV spielt gegen Werder. Und Mama hat versprochen, uns hinzufahren. „Einfach so. Ich mach das gerne für euch."

Barny hatte eigentlich erst vor, einen Bus zu chartern: „Ich bin richtig auf den Geschmack gekommen!"

Aber nach dem Reinfall gegen St. Pauli hat der Reisedienst Feddersen kalte Füße bekommen und keinen Bus nach Hamburg geschickt. Barny meint, die hätten ihm wörtlich gesagt: „Wir sind da vor ein paar Monaten so einem Riesenarschloch auf den Leim gegangen. Nix mehr mit HSV, wir machen nur noch Kaffeefahrten."

Mit ihrem neuen Wagen fährt Mama Barny und Maik und mich nach Hamburg und wie wir so fahren, da freue ich mich so richtig, dass Barny und Maik sich gut verstehen. Und wir hören unsere neue Lieblingsgruppe „Danzig" und als wir „Mother" zum zehnten Mal hören, da sage ich, so ein bisschen duselig von dem ganzen Headbangen auf dem Beifahrersitz zu Mama: „Mama, die Musik ist so geil, dazu könnte ich abspritzen!"

Keine Reaktion von Mama. Betretene Gesichter bei Barny und Maik.

Zum Glück kommen wir kurz danach in Hamburg an. Mama fährt uns bis ganz nah ans Stadion ran und ich mache mir Sorgen, was Mama denn nun überhaupt tut, während wir uns beim Fußball vergnügen.

„Och, mach dir um mich man keine Sorgen!", meint sie. „O.K.! Bis nachher!", sage ich und mache mir Sorgen, wie ich mir eigentlich immer Sorgen mache.

Mama und Papa sind nicht mehr zusammen und ich tue mir schon ein bisschen leid, um nicht zu sagen: Ich mach jetzt öfter abends mal ein richtig entspanntes Vollbad im Selbstmitleid, weil Papa jetzt nicht mehr bei uns wohnt. Aber Mama meint, das ist besser so und so soll das dann wohl auch sein. Da kann ich mich ja auf Fußball konzentrieren.

In der Bundesliga läuft es im Moment überhaupt nicht gut für HSV. Und heute regnet und regnet und regnet es und es sind mal wieder nur 14.000 Zuschauer da und das gegen

Werder! So schlecht steht es um HSV. Wir gehen rein in das Stadion und schnell in die Westkurve, in Block E. Wie sich das gehört. Und wir stimmen sofort an: „HSV! HSV! HSV!" Wie sich das gehört. Und als so um und bei zehn Leute mitrufen, da guckt Barny zu mir rüber und hebt den Daumen. „Wer kann, der kann!", ruft er.

Das Spiel fängt an und ist sofort so, wie ich befürchtet hab. Werder stürmt. Und nach ein paar Minuten schießen die auf das HSV-Tor und HSV-Vorstopper Ditmar Jakobs springt hinterher, grätscht den Ball von der Linie und verhindert das sichere 0:1 für Werder. Und wir rufen: „Dit-mar Ja-kobs!" Nun bleibt er allerdings im Tor liegen und wir in der Westkurve wissen gar nicht, was das nun wieder soll.

„Sieht Jakobs gar nicht ähnlich", sagt ein älterer Mann hinter uns. Und wir gucken uns an und machen große Augen und uns Sorgen und irgendwann fährt sogar ein Krankenwagen über den Rasen und transportiert Jakobs nach langer Fummelei aus dem Stadion.

Als das Spiel wieder angepfiffen wird und Jakobs ausgewechselt wird, da wird jeder Ballkontakt von Werder mit „Mörder! Mörder!"- Rufen kommentiert. Ich meine, auch wenn kein Werder-Spieler in der Nähe von Jakobs gewesen ist, während er da in das Tor reingrätschte, ein völlig berechtigtes Vorgehen der Westkurve!

HSV gewinnt gegen die Jakobs-Mörder mit 4:0 und als wir meine Mama auf dem Parkplatz stehen sehen, rennen wir hin, weil, wir haben eine Menge zu erzählen und ich denke noch: Wenn auch Jakobs verletzt ist, so ist doch wenigstens Mama heile wieder da.

Ich reiße die Tür auf und will gerade einen vom Pferd erzählen, da sitzt Mama im Auto mit HSV-Schal und meint: „4:0! Tolles Spiel, was? Ich stand in der Westkurve, in so einem Block E, oder so …" Und der HSV-Schal? „Ach ja, den HSV-Schal, den hab ich deinem Schlumpf abgenommen und dir das lieber nicht gesagt, sonst wärst du ja nur noch nervöser geworden." Mama! Ich meine: Denkt die wirklich, dass ich immer noch so abergläubisch bin, dass ich glaube, der HSV würde ohne meinen vollständig geschmückten HSV-Plüsch-Schlumpf nicht gewinnen können? Ich bin doch kein kleines Kind mehr!

Am nächsten Tag erzählen sie im Radio, dass Ditmar Jakobs in einen Karabinerhaken reingerutscht ist und der hat sich verhakt und darum ist jetzt ein Nerv oder so durchtrennt und auf jeden Fall sieht das so aus: Er muss seine Karriere beenden. Ich sage Mama das mit Jakobs lieber nicht. Sonst denkt sie noch, das liegt alles an ihr. Schließlich hat sie ja dem Schlumpf den Schal abgenommen …

Mama geht auch zum HSV

Heute ist mein Geburtstag und ich werde 18** und feier bei uns zu Hause eine Riesenfete, und als ich Mama erzähle, dass ich sechzig Leute eingeladen hab, da schlägt sie die Hände über dem Kopf zusammen: „Sechzehn Leute bei uns in der kleinen Bude?!"

Sechzig Leute sind also eingeladen und dabei sind auch ein paar nette Mädchen, wobei das eher Freundinnen von Freunden sind, weil ich nicht sonderlich Schmiss bei den Frauen habe.

Zwar hab ich letztes Jahr an Silvester das erste Mal von einem Mädchen (deren Namen ich nicht kannte und die ich seit dem Zunge-in-den-Hals-stecken auch nicht mehr gesehen habe) die Zunge in den Hals gesteckt bekommen, aber so richtig funken tut das nicht zwischen mir und den Mädels.

Was für ein Glück, dass ich HSV hab und HSV seit Neuestem mal wieder einen neuen Spieler hat: Nando! Der ist Brasilianer und hat letzte Woche zum ersten Mal für

HSV gespielt und gleich zweimal getroffen und das Ergebnis konnte sich dann auch sehen lassen: 6:0 gegen Bayer Uerdingen. Das ist doch schon mal was. Gegen Bayer Uerdingen muss man auch erst mal gewinnen.

Heute Nachmittag spielt HSV in Kaiserslautern und zur gleichen Zeit spielen wir mit dem TSV Hattstedt – wo Maik und ich mittlerweile spielen, weil Nordstrand ja keine A-Jugend mehr zusammenbekommt und weil Barny da ja auch spielt – gegen Frisia Husum, mal wieder, und ich bin mal wieder Stürmer. Das trifft sich gut, will ich meinen, da muss man nicht so viel laufen, und wir gewinnen mit 2:1 und nach dem Spiel wollen wir in die Kabine rein, weil: „Das muss gefeiert werden, ich hab Geburtstag und wir gewinnen, darauf eine Cola! Und Rum!" Aber da stoppt uns die graue Eminenz des Vereins: Carsten Popp! Ungefähr sechzig Jahre alt, 150 Kilo schwer, doof wie Bohnenstroh und Platzwart. Und Carsten geht an die Sache genau so ran, wie Hein Oog das auf Nordstrand tut: Bloß nicht die Leine zu locker halten, immer schön stramm und ja nicht zu viel erlauben!

Carsten bölkt uns hinterher: „Schuhe aus, Kids!" Wir maulen ein bisschen herum, weil: Wir und „Kids"! Außerdem macht das mit den Fußballschuhen so schön „klick klack" auf dem Boden, aber gut, wenn das sonst nichts ist: „Machen wir. Aber nur, weil du das bist, Carsten." Und Carsten mault zurück: „Ja ja, verarschen kann ich mich selber. Hört auf zu schnacken, Schuhe aus!"

Carsten Popp lade ich sicher nicht zu meinem Geburtstag ein, denke ich. Und ich muss ein bisschen grinsen, wenn ich daran denke: Carsten Popp auf meinem Geburtstag!

Das gäbe ja was, wenn er den ganzen Abend bei uns so im Eingang steht und jedem Besucher sagt: „Schuhe aus!" Oder Anweisungen am Kühlschrank gibt: „Erst die Bierflasche ganz austrinken, dann eine neue holen!" Oder in meinem Zimmer, während ich dort das erste Mal mit Lisbeth rumknutschen könnte und gerade an ihr rumfummel und er kommt rein und meint: „Die Jacken und Klamotten gehören an den Kleiderhaken, nicht auf das Bett!" Das muss man sich mal vorstellen: Ich und Lisbeth im Bett und dann kommt Carsten rein.

Ich ziehe mich doch lieber schnell um und sehe zu, dass ich nach Hause komme, nicht dass Carsten noch fragt, ob er auch kommen darf, heute Abend, zu meinem Fest.

Barny und Maik verabschieden sich erst mal, um zu Hause „schon mal vorzuglühen, damit wir nachher bei dir topfit sind." Ich geh auch nach Hause und bin ganz fickrig wegen heute Abend. HSV hat mich übrigens reich beschenkt: 3:1. Und wer hat das 3:1 gemacht? Nando!

Abends richte ich noch schnell die Wohnung her und trinke schon ein erstes Bier und Mama legt sich schon mal lieber gleich pro forma zu Bett, „um nicht zu nerven", da kommen auch schon die ersten Gäste.

Und irgendwann kommt auch Lisbeth, was ja so super wie nur was ist, weil: Lisbeth schockt. Also Lisbeth ist auch da und Carsten Popp nicht. Ein Glück. Dann kann ich ja langsam mal vorfühlen, wie das nun ist mit Lisbeth und mir.

Ich trinke mir so über den Abend Mut an und bin mir sicher: Heute geht was mit Lisbeth. Wie ich allerdings gerade kurz davor bin, so zwei Stunden später, da sehe ich Lisbeth mit irgendwem anders reden. Und schließlich quatscht sie den ganzen lieben langen Abend mit irgendwelchen Typen, die Lisbeth heute Abend das erste Mal oder zumindest das erste Mal auf einer Party sehen, weil Lisbeth nicht gerade das ist, was man ein Party-Häschen nennt und dann muss man das ja offensichtlich ausnutzen, wenn so ein nettes Mädchen einmal auf einer Party ist und dann braucht man ja auch nicht Rücksicht auf den Gastgeber nehmen, der auch gerne mal mit Lisbeth reden würde, nein, im Gegenteil, man sollte dem Gastgeber die Last abnehmen, sich auch noch mit Lisbeth beschäftigen zu müssen und versuchen, die Kleine so schnell wie möglich aus dem Verkehr zu ziehen und abzuschleppen. Na klaro nur zu meinem Besten!

Ich bin ein bisschen beleidigt und gehe mal lieber hoch in mein Zimmer, um mal auf klare Gedanken zu kommen. Vielleicht werde ich auch ein bisschen weinen, mal sehen.

Und als ich so in mein Zimmer stolpere, das kennt man ja aus den billigen amerikanischen High-School-Filmen, knutschen schon zwei in meinem Bett rum, als gäbe das morgen keine Betten und kein Geknutsche mehr.

Ich gehe nach unten, Barny suchen und treffe ihn, wie er gerade damit beschäftigt ist, sämtliche ‚The Smiths'-Platten durchzustöbern und auch zu spielen, was unter Umständen dafür verantwortlich ist, dass die Tanzfläche, also unser Esszimmer, wie leergefegt ist und stattdessen alle Leute in der Küche, im Wohnzimmer und im Flur herumstehen. Ich gehe zu Barny, der mich begrüßt: „Hi Acki." Und ich begrüße Barny und frage: „Du, oben muss mal ein bisschen aufgeräumt werden. Hast du nicht zufällig die Nummer von Carsten Popp dabei?"

Heute ist mal wieder der wichtigste Tag im Jahr: HSV spielt gegen St. Pauli und wir haben vorher noch Schule und ich rege mich mal wieder darüber auf, dass ich nicht auf die Hauptschule gehe, weil, die haben samstags keinen Unterricht.

Der Plan für heute geht so: Wir fahren mit Kalle Peters, der mit uns beim TSV Hattstedt spielt, zum HSV. Er ist einer der wenigen, die ich kenne, die schon ein Auto haben: Einen gelben Ford Kadett, den „gelben Blitz", wie er gerne sagt.

Kalle ist ein lustiger Geselle, soviel steht einmal fest. Und Maik und Barny und ich und Kojak sind dabei. Kojak kenne ich aus dem ,Dornbusch', der Disco, in die ich in Husum immer reingehe. Kojak ist der einzige lebende Bayer Leverkusen-Fan, den ich kenne. Kojak hat irgendwie etwas Geheimnisvolles. Nicht nur, weil er Leverkusen-Fan ist, sondern weil er im ,Dornbusch' immer Einbecker Urbock trinkt, was ich nicht so ganz verstehe, weil das überhaupt nicht schmeckt.

Er sagt immer: „Das knallt mehr als doppelt so doll wie das andere Bier", von daher hat er da ja vielleicht nicht ganz Unrecht, dass er das immer trinkt. Kojak kommt also auch mit.

In der letzten Stunde, im Deutsch-Grundkurs bei Herrn Asmussen sind wir schon so fickerig, dass wir unser Plakat hinten im Raum aufgehängt haben: „SCHEIß ST.PAULI!" Und wie Herr Asmussen so reinkommt, da guckt er nach hinten und wir sind ganz gespannt, was er da nun wieder zu sagen will, aber er sagt nur: „Leute, in der Großschreibung gibt es kein „ß". ,SCHEIß' müsst ihr also mit Doppel-S schreiben, also ,SCHEISS'." Wir entschuldigen uns für den Fehler und schwören, dass wir das auf der Fahrt noch beheben werden und dann ist die Stunde auch schon fast vorbei, nachdem Barny und ich für die letzte Reihe noch schnell eine Bundesliga-Tippspielrunde organisiert haben.

Und dann geht das auch schon los; wir haben ohne Ende Karlsquell von Aldi gekauft, die Palette zu knapp 10 Mark, weil wir über Nacht in Hamburg bleiben. Auf dem Parkplatz der Schule grölen wir schon mal ordentlich rum und fahren dann im gelben Blitz über die Autobahn und, mal ganz ehrlich: Viel besser geht das ja wohl nicht! Wir reden nur über Mädchen und Fußball, grölen weiter und rülpsen und hören ,The Smiths'. 1a alles, bis das Spiel anfängt.

Das endet 0:0 und ist total langweilig, außer, dass am Anfang in der Westkurve eine St. Pauli-Mütze auf einem Kunststoff-Lautsprecher verbrannt wird und der Lautsprecher das ganze

Spiel über vor sich hinkokelt und schmilzt und qualmt und Kojak die ganze Zeit rumnervt: „Ich will ja nicht nerven, aber dieser Qualm ist nicht gerade gesundheitsfördernd, Leute!"

Nach dem Spiel geht das fix in die Wohnung von Barnys Onkel auf der Sternschanze. Der Onkel ist übers Wochenende verreist, und von da ist die Richtung so was von klar: Reeperbahn! Zum ersten Mal richtig „drauflos auf die Großstadt-Weibers!", wie Kalle anmerkt.

Und wir gucken hier und gucken da und kriegen richtige Stielaugen. Und Kalle schlägt vor: „Ich würde sagen, wir trennen uns. Da haben wir bessere Chancen bei den Frauen!" In Wirklichkeit will er bloß noch mal und noch mal und noch mal durch die Herbertstraße laufen und sich genauer angucken, was uns fast völlig den Verstand raubt. Kalle meint beim ersten Durchgang: „Ich glaube, die haben Besseres verdient, als hier in den Schaufenstern rumzusitzen."

Und er geht an jedes Fenster ran und stellt sich vor und kommt ins Plaudern, während wir im Hintergrund bleiben und genug damit zu tun haben, auf den Boden zu gucken und nicht Gefahr zu laufen, mit einem der Mädchen ins Gespräch zu kommen.

Kalle: „Wartet mal kurz, Jungs!" Und wir warten und gucken auf den Boden.

Bei jedem Fenster die gleiche Prozedur. Darum jetzt wohl auch dieser Vorschlag: Kalle will sich den Abend nicht von solch verschüchterten Spaßbremsen wie uns verderben lassen.

Und während Kalle und Kojak sich zusammen tun, um alleine ihres Weges zu gehen, machen Barny und Maik und ich erst einmal Station bei der Esso-Tankstelle und geben unser Restgeld für Dosenbier aus, weil, wir waren ja so schlau und haben unsere Karlsquellpaletten in der Wohnung gelassen, weil wir denken, wir kommen ja noch mal wieder und dann muss man nicht so viel schleppen.

Und wie wir dann so über die Reeperbahn bummeln, da sprechen uns allerhand Türsteher an, von wegen: „Heute hier eine kleine Show!" Oder: „Ey, ihr drei kleinen Schweinchen! Hier läuft eine richtige Fickerei!" Oder, das Beste: „Der Schäferhund hat zwar heute frei, aber zur Sache geht das hier trotzdem, Jungs! Das schwör ich euch!" Da bleiben wir drei na klaro doch mal kurz stehen. „Schäferhund? Was macht der denn so?" fragt Maik und dieser Schmierlappen von Türsteher nimmt seine rechte Hand und spreizt Zeigefinger und Mittelfinger zu einem V und leckt mit seiner Zunge zwischen den beiden Fingern rum, so dass wir uns umdrehen und doch lieber weitergehen.

Während wir so gehen, sagt keiner ein Wort. Nach zehn Minuten nachdenklichen Schlenderns meint Barny: „Eine Nachbarin von uns hatte auch mal einen Schäferhund."

Auf der Reeperbahn

Vor der Davidwache treffen wir Kalle und Kojak wieder, wie sie gerade ihre Köpfe ineinander stecken, so als würden die was ausbaldowern.

Ich frage: „Was steckt ihr zwei denn so eure Köpfe zusammen, als würdet ihr was ausbaldowern?" Und die beiden freuen sich, uns zu sehen: „Moin Moin! Wie viel Kohle habt ihr noch?" Wir leeren unsere Taschen und zeigen alles, was wir haben. Ich hab noch 5 Mark 30, Maik noch 7 Mark und Barny fummelt tatsächlich noch einen Blauen und etwas Kleingeld raus: 11 Mark 70. Und Kalle schlägt die Hände über dem Kopf zusammen. „Seid ihr wahnsinnig!? Warum habt ihr denn kein Geld mehr?" Wir erklären ihm die Sache mit dem Dosenbier und entschuldigen uns. Jetzt kramt auch Kalle in seiner Tasche und Kojak auch. Kalle hat noch 5 Mark und Kojak 4 Mark 10. „So, nun mal alles Geld zu mir hier!" Kalle regelt das jetzt. Er zählt und zählt und zählt und verzählt sich ein oder zweimal und dann sagt er: „Das sind hier round about 30 Flocken. Das muss doch möglich sein, hier heute für 30 Flocken noch zu ficken!"

Und plötzlich sind auch wir putzmunter. Uns ist sonnenklar: Einer von uns wird hier heute noch ficken! Und wir sehen uns erleichtert an und lachen und geben uns fünf und umarmen uns.

Kalle übernimmt – na klaro – die Rolle des Wahlleiters: „So, ich hab hier ein paar Streichhölzer und wer den ohne Kopf zieht, der darf heute Nacht direkt in den Liebeshimmel fliegen."

Barny zieht zuerst: „Niete, Scheiße!"

Dann bin ich dran: „Niete." Und ich atme ein bisschen auf, weil: Ich hab noch nie gefickt und nun gleich mit einer Nutte durchstarten? Das weiß ich ja nicht, ob das so das Richtige ist …

Dann ist Maik dran und der verzichtet von vorneherein und sagt: „Nee, ohne mich." Soviel Schneid hätte ich auch gern gehabt. Obwohl, vielleicht auch nicht, weil nun nämlich Kalle erst mal Pause vom Streichholzziehen macht, um uns eine Moralpredigt zu halten: „Sag mal, seid ihr bescheuert? Ihr könnt hier heute mal so richtig schön ficken und alles was ihr macht ist Dosenbier trinken und von Schäferhunden erzählen und dann den Schwanz einziehen. Leute, wir sind hier nicht auf einem Kindergeburtstag!"

Dann geht das weiter mit der Verlosung und wir alle gucken betroffen zu Boden, so ein bisschen nach dem Motto „Eigentlich hast du ja Recht, Chef!"

Und Kojak zieht auch eine Niete und dann öffnet Kalle seine Hand: Das Streichholz ohne Kopf! Wenn das kein Grund zum Feiern ist: „Geht ihr man schon nach Hause, ihr Babys! Ich komme später nach!"

Eine halbe Stunde später kommen wir bei Barnys Onkel in der Wohnung an und wollen über die essbaren Vorräte herfallen. Problem: Die einzigen Vorräte sind ein paar Topjes (so

Erdnüsse mit Schokolade drum, von Aldi): „Wenn Kalle nicht unser ganzes Geld verfickt hätte, dann könnten wir uns auch noch was zu essen leisten", sagt Barny.

Aus lauter Trauer trinken wir Bier, bis die Paletten alle sind. Da klopft das an der Tür.

Kalle ist wieder da. Lächelnd kommt er rein und breitet seine Arme aus: „Hi Fans!" Er legt sich neben mich auf das einzige Bett und singt: „Eine Mark für Charly, denn Charly kann nicht zahlen. Wieder einmal Ebbe in seinem Portemonnaie!" Versonnen fängt er an meinen Kopf zu streicheln: „Leute, Leute, Leute. Die Kleine hatte Sachen drauf, da träumt ihr von!"

Ich hab die Schnauze gestrichen voll und außerdem Hunger und will auch nicht von Kalle gestreichelt werden: „Kalle, halt die Schnauze! Du stinkst nach Nutte!"

Den stört das wenig: „Jungs, ich will hier nicht lange rumeiern. Wir müssen wieder losen. Wir haben nämlich nur ein Bett!"

Also wird wieder gelost und man kann sich denken, wer das große Los zieht ...

Kalle reckt kurz den Arm und spreizt seine Finger zum Victory-Zeichen, macht mit seiner Zunge noch eindeutige Anspielungen und legt sich ins Bett und schläft nur ein paar Minuten später selig ein. Wenn überhaupt irgendwann einmal Kalle Peters sein Tag war, dann ja wohl heute.

Und wir legen uns auf den Boden, in unsere Schlafsäcke rein und denken an HSV und Mädchen und was Anständiges zu essen und dass wir Kalle nicht noch mal mitnehmen nach Hamburg.

Erdkunde-Leistungskurs-Klausur: Ich habe überhaupt gar keine Ahnung, was ich drei lange Stunden über den Ost-West-Konflikt schreiben soll. Ich wäre eher in der Lage über den Konflikt zwischen Ost- und Westkurve im Volksparkstadion bei St. Pauli gegen HSV zu berichten.

Wenn mal eines klar ist, dann das hier: Eine Stunde und keine Sekunde länger, dann gebe ich auf und ab. Das muss ganz einfach reichen für das bisschen, was ich zu dem Thema in der Rübe habe.

Mein Zug nach Bochum fährt schließlich schon um 9 Uhr und die Klausur fängt um 7:50 Uhr an. Bleiben also höchstens sechzig Minuten, wenn ich rechtzeitig beim Bahnhof sein und auch noch ein paar Bier vom Kiosk kaufen will.

Ich will jetzt endlich auch immer auswärts mit dem HSV fahren, wie das die ganz harten HSV-Rocker tun und es ist allerhöchste Eisenbahn, damit anzufangen, finde ich.

Ich schaffe es in knapp fünfzig Minuten, meinen kompletten Ost-West-Konflikt-Spickzettel in mein Klausurheft zu übertragen und jetzt bleib mir nur zu hoffen, dass die Fragen auch zu meinen Antworten passen. Sonst wäre die ganze Mühe ja auch noch umsonst gewesen.

Im Zug setze ich mich gleich so hin, dass alle, aber auch wirklich alle, die HSV-Fans sind und nach Bochum fahren, mich sofort sehen und sich zu mir setzen und mit mir einige Stunden nur über HSV sprechen können. Würde mich ja freuen, so alleine wie ich heute bin. Barny und Maik haben nämlich Besseres vor, meinen sie.

Barnys Papa hat Geburtstag und bei Maik steht am Montag eine wichtige Arbeit auf dem Plan. Pah! Ich mache eine Dose Bier auf und stärke mich mit den Broten, die Mama mir heute mit zur Schule gegeben hat: „Damit du während der drei Stunden Klausur gut versorgt bist, Bursche!"

Bursche. Das sagt Mama immer, wenn sie zeigen möchte, dass sie mich lieb hat. Jetzt denke ich gerade daran und, typisch Mama, da habe ich doch gleich wieder ein schlechtes Gewissen. Nur weil ich zum Fußball fahre, statt meine Erdkunde-Klausur zu schreiben.

Nach fünf Stunden komme ich in Bochum an. Mein Bier ist alle. Es hat sich niemand zu mir gesetzt, also hab ich mich darauf konzentriert, mein Dosenbier auszutrinken und mir mal Gedanken zu machen, welche Mädchen auf der Schule eigentlich die Hübschesten sind. Da bleibt ja sonst eher keine Zeit für.

Für den Fall, dass mich mal jemand fragt, wer die hübschesten Mädchen auf der Schule sind, habe ich zumindest, was das angeht, dann mal eine schnelle und gute Antwort parat.

Ich bummele ein bisschen durch den Bahnhofbereich und jedes Mal, wenn ich HSV-Fans sehe, dann könnte ich fast verrückt werden vor Freude, weil: Ich gehöre ja jetzt auch dazu. Fern der Heimat bin ich dabei, um den HSV anzufeuern.

Am Bahnhofskiosk kaufe ich mir gleich noch zwei weitere Biere. „Wir sind ja schließlich nicht zum Spaß hier", sagt Kalle gerne, wenn er nach den Spielen mit der Hattstedter A-Jugend eine Dose Bier aus der Sporttasche holt und sich erst mal erfrischt, auch wenn er die gesamten neunzig Minuten auf der Ersatzbank verbracht hat und eigentlich nicht der ist, der die Riesenerfrischung nötig hätte.

Und eigentlich hat Kalle Recht. Zum Spaß bin ich nicht hier. Es ist langweilig und wird Zeit, dass ich zum Stadion komme. Bochum ist keine Stadt, in die man reisen müsste, wenn nicht der HSV hier spielt.

Im Stadion angekommen kaufe ich mir ein Bier und gehe auf die Stehtribüne hinter dem Tor. Ich finde ja, dass wahnsinnig viele HSV-Fans da sind und ich mache Fotos, Fotos, Fotos. Und wie die Mannschaft zum Warmmachen aufläuft, da kipp ich fast um, weil: Jetzt gehören wir alle so richtig zusammen: HSV-Fans und Acki und die Mannschaft. Ein super Gefühl. Und gleich geht das gut los und wir rufen „HSV! HSV!" Wie sich das gehört.

Armin Eck schießt in der ersten Halbzeit das 1:0 für uns. Einen Freistoß knackt er einfach flach rein ins Eck. Wie sein Name schon sagt. Und HSV kontert und eigentlich müsste das längst 5:0 stehen und in der letzten Minute noch mal Ecke für Bochum und, was für ein Glück: Schuss und Golz hält und Abpfiff und: „Juhu!" HSV hat 1:0 gewonnen.

Nach dem Abpfiff kommt die Mannschaft in die Kurve und ich stehe am Zaun und gebe allen Spielern die Hände. Yeah!

Danach verpieseln sich die Spieler und ich flitze aus dem Stadion raus, weil ich denke, ich muss ja auch bald mal wieder nach Hause. Und draußen vor dem Stadion, da prügeln sich die Hooligans vom HSV mit denen aus Bochum und ich denke: Cool. Ich hab mich noch nie geprügelt, weil ich ja immer denke, dass das ein bisschen weh tut, wenn man so Schläge auf die Fresse kriegt, aber zugucken schockt dann doch. Obwohl: Irgendwie laufen die nur hin und her und treten mit den Füßen.

Fast so wie die Mädchen früher in der Grundschule beim Räuber-und-Gendarm-Spielen. Die haben uns Jungen, wenn wir denen an den Po gegangen sind, immer verfolgt und uns reichlich Arschtritte verpasst. Für die wäre das hier ja auch fast was, denke ich, und will gerade in Richtung Bahnhof losdüsen, da höre ich leises Gejubel aus dem Stadion.

Ich gehe die Treppen zum Auswärtsblock hoch und sehe auf dem Rasen um und bei zwanzig HSV-Fans feiern.

Und ich reibe mir die Augen und kann erkennen, dass auch die HSV-Spieler da unten auf dem Rasen sind. Und ich renne die Treppe runter und ein Ordner ist so nett, mir das Tor zum Rasen aufzumachen und ich rauf auf den Rasen und so was von gerannt und gleich den Torwart Richard Golz umarmt und, wie man das so macht: „Richie! Super gehalten!" Und dann gehe ich zu Doll und sage, wie man das so macht: „Dolli! Super gespielt!" Und so weiter.

Wir machen die Welle und die Fans singen und die Spieler, die sich ja eigentlich ein bisschen auslaufen sollen, die sitzen auf ihren vier Buchstaben und schütteln ein bisschen die Beine aus und freuen sich, dass wir so schön für sie singen. HSV ist einfach spitze!

Die ganze liebe lange Rückfahrt lang gucke ich aus dem Fenster und denke daran, wie der HSV einen UEFA-Cup-Platz erreicht und studiere den Bundesliga-Spielplan. HSV spielt Freitag in zwei Wochen in Mönchengladbach. Ein Glück, dass am Samstag danach keine Schule ist. Das könnte nämlich knapp werden, mit dem rechtzeitig Nachhausekommen …

Wie kann man besser in den ersten Jahrestag der deutschen Einheit reinfeiern, als schön mit einer HSV-Reisegruppe im Bus nach Polen zum Erstrundenspiel im UEFA-Cup zu fahren?

Morgen ist noch Schule, aber nur kurz, schließlich müssen Barny und ich zusehen, dass wir rechtzeitig abends in Hamburg beim Zentralen Omnibusbahnhof sind. Von da geht nämlich der Bus, mit dem wir nach Zabrze fahren sollen. Ich habe den gesamten Sommer davon geträumt, mit dem HSV nach Mailand, Madrid oder wenigstens Amsterdam oder so zu fahren. Jetzt ist es soweit: Auf nach Polen.

Ich kann den Gegner zwar nicht buchstabieren und schon gar nicht weiß ich, wo dieses Zabrze liegt, aber ich weiß, dass ich dabei bin und dazugehöre.

Im Bus sitzen „nur die ganz Guten", wie hinter mir einer sagt und ich mache große Augen und denke: Acki, alter Knabe, du hast es geschafft. In dem Moment tickt mir der eine auf die Schulter. „Entschuldige, euch habe ich noch nie gesehen. Wo kommt ihr denn her?"

Na klasse! Ich habe zwar seit Bochum viele Auswärtsspiele besucht, aber meistens sind wir ja doch eher alleine gefahren.

Mit dem Zug, weil Papa ja bei der Bahn ist und das ist natürlich mehr als bequem und günstig für mich und Barny hat eh genug Kohle. Zum Glück fällt mir schnell was ein: „Och, wir sind immer dabei. Ich hab dich aber auch noch nicht gesehen."

Aber der hinter mir lässt nicht locker. „Ich glaube, ich habe dich wirklich noch nie gesehen." Und wie ich so langsam ins Schwitzen komme, schließlich will ich mir hier nicht gleich meinen guten Ruf, zu den „ganz Guten" dazuzugehören, wieder verderben, da tickt es bei dem Typen auf der Schulter und irgendwer verpasst dem eine kräftige Bierdusche und wie ich noch so überlege, ob der mich gleich wieder anspricht, da flimmert vorne beim Busfahrer auch schon ein Pornofilm über den Bildschirm.

Der Typ hinter mir sieht das und von dem habe ich sicher nichts mehr zu befürchten. Er ruft laut durch den ganzen Bus: „Ey, Alder, geil! Da läuft 'n Porno!"

Zwei Stunden später wird im Fernsehen immer noch gehühnert und noch immer starrt mein Hintermann auf den Bildschirm, trinkt Bier und singt nebenbei immer mal wieder Lieder von dieser Kragenweite hier: „Eine kleine Nymphomanin FIECKEN! Eine kleine geile Sau! SAU! Das ist alles was wir brauchen: FIECKEN, SAUFEN, HA ES VAU!" Dieses schöne Lied wird mit der Melodie von „Eisgekühlter Bommerlunder" vorgetragen und sofort, wenn mein Kollege von hinten das anstimmt, sind mindestens zehn andere Fans auch gleich dabei. Das nenne ich Zusammenhalt.

Barny und ich hören uns all die versauten Lieder ganz genau an und bei einigen anderen hören wir lieber weg, zumindest ich. Barny strahlt über beide Backen. Bei uns an der Schule kann man nämlich gut damit angeben, wenn man versaute Lieder kennt. Das bestätigt den eigenen Ruf, dass man in echt ein voll harter Knochen ist und nicht so ein Weichspüler wie die anderen Gymnasiasten, die sich lieber mit Büchern, Musik, Mädchen oder, noch schlimmer, mit St. Pauli beschäftigen.

Da HSV das Hinspiel nur 1:1 gespielt hat, reicht heute noch nicht einmal ein 0:0. HSV muss gewinnen. Und so sind wir, als wir Zabrze erreichen, erst einmal schrecklich nervös, unter anderem auch, weil die Hamburger Morgenpost gestern geschrieben hat, dass das Spiel restlos ausverkauft ist und wir so ganz nebenbei keine Karten haben. Der Mann, bei dem wir den Bus klargemacht haben, hat damals gesagt: „Karten gibt das in Zabrze am Stadion noch SATT!"

Und tatsächlich: Schnell kriegen wir Karten angeboten und freuen uns über den Spottpreis: nur zehn Mark pro Karte.

„Ha! Was sind das hier bloß für Idioten!" Barny jubelt laut und klatscht mit mir ab.

„Da haben wir ja noch genug Geld für Bier und so einen Schnickschnack über."

Wir freuen uns wie die Kinder, glauben fest an einen HSV-Sieg und an leckeres Bier.

Nach ein paar Minuten finden wir eine Kneipe und schnell merken wir, woher der Wind weht: Das Bier kostet hier nur ein paar lausige Pfennige und wann, wenn nicht hier, schmeißen wir grundanständig eine Lokalrunde. Die kostet uns weniger als eine Mark, weil, was gut ist: In der Kneipe sind nur sieben HSV-Fans drin.

Beim zweiten Bier, das wir natürlich nicht mehr als Lokalrunde ausgeben, schließlich sind jetzt schon ein paar mehr Fans angekommen und wir sind ja auch nicht Krösus, treffen wir einen enorm dicken HSV-Fan, den wir vom Sehen aus unserem Bus kennen. Ihm erzählen wir von unserem Glück mit der Eintrittskarte. Darauf schlägt er seine Hände über dem

Kopf zusammen. „Seid ihr total bescheuert? Die Karten kosten hier an jeder Ecke zwei Mark, höchstens!"

Das Stadion ist höchstens zur Hälfte gefüllt und wir hätten die Tickets bestimmt auch ganz umsonst kriegen können, aber immerhin, sportlich läuft es rund: HSV macht kurzen Prozess und gewinnt 3:0 und, mal ganz ehrlich: Nachdem Thomas von Heesen sein zweites Tor gemacht hat, da denke ich schon ein bisschen, wie ich so durch das Stadion gucke: So richtig wie der Europapokal im Fernsehen sieht das hier aber nicht aus. Und dafür bangt man eine Saison lang um die UEFA-Cup-Teilnahme.

Auf der Rückfahrt ist die ganze Bande, nach kurzem Unanständige-Lieder-Gesinge, nur am Pennen. Nebenbei läuft, obwohl keiner drauf guckt, wieder der Pornofilm, den ich schon von der Hinfahrt in- und auswendig kenne. Am Grenzübergang halten wir ewig, weil irgendeiner im Halbschlaf Beleidigungen gegen die Grenzer abgelassen hat und als wir endlich in Hamburg ankommen, ist unser Zug nach Husum schon weg.

Und wie ich so am Bahnhof sitze und rumüberleg, find' ich das ganz schön schade, dass wir diesen Donnerstag Wiedervereinigungstag und keine Schule haben. Da wäre ich ja wohl so was von der King gewesen, wenn ich in der Pause mal meine ganzen Geschichten vom Stapel gelassen hätte, wie ich einen Pornofilm eingeschmissen hab und ein Ticket für umsonst ergattert hab und unanständige Lieder gesungen hab und noch reichlich Ärger mit den Grenzbeamten angezettelt hab. Na ja. Morgen ist auch noch ein Tag!

Nach dem Abitur haben wir ja eine Menge Zeit, Blödsinn zu machen, bis das soweit ist mit Zivildienst oder Bundeswehr, also haben wir uns mal vorgenommen, Hooligans zu sein.

Beim TSV Nordstrand in der Kreisklasse Süd B, also wirklich ganz unten, da geht's besonders gut, auch wenn das manchmal anstrengend ist, sich morgens um halb elf aus dem Bett zu prügeln, nur um auf irgendeinem Rübenacker irgendwelchen Bewegungslegasthenikern beim Geradeauslaufen zuzugucken.

Aber der Aufwand lohnt sich meistens doch. Zum einen, weil die Spieler immer alle ein ziemlich superes Gesicht machen, wenn sie uns sehen und außerdem machen wir tolle Versuche mit Kaliumpermanganat, oder so, ich bin ja kein Physiker, was ich aber weiß, ist, dass das Zeug aus der Apotheke für schöne Rauchbomben genau das Richtige ist.

Heute spielt der TSV in Goldebek und wir sind mit dreißig Mann da, alle voll bis Oberkante Unterlippe. Es ist Sonntagmittag, kurz vor Weihnachten, so dass alle Spieler vom TSV einen Adventskalender geschenkt bekommen und wir zündeln die gesamte Spieldauer über alles, was wir haben: Knallerbsen, Knallfrösche, Heuler, Chinaböller, Rauchbomben – das ganze Programm halt.

Wir geben uns Namen, genau solche, wie die Hooligans in diesem Hooligan-Fachblatt „Fan-Treff" immer haben: Onkel Heini, Dortmund-Fritz oder Beule heißen die. Wir nennen uns nach den Größten der Großen und heißen entweder Herr Rossi, Beppo Brehm, Calle del'Haye, Snake, Rocket und so weiter.

In der Halbzeitpause marschieren wir mit unseren Rauchbomben durch das verschlafene Nest, das eigentlich nur aus sagen wir mal zehn Bauernhöfen, einer Bushaltestelle – in der die üblichen Dorfdeppen auf ihren Mofas sitzen und hoffen, dass was passiert –, vier normalen Häusern, einem Sportplatz, einer Dorfstraße und einem Dorfkrug besteht.

Vor genau diesem Dorfkrug blasen sich gerade zirka dreißig Jäger schön einen zurecht und in deren Mitte liegen um und bei fünfzig tote Füchse. Der Kenner merkt also gleich: Die kommen von der Fuchsjagd.

Gerade als wir vorbei kommen, da hält so ein Jägeroberschlaumeier eine Rede, die wir mir nichts dir nichts unterbrechen. Wir singen nämlich, so laut wir können: „Fuchs, du hast die Gans gestohlen, gib sie wieder her, gib sie wieder her, sonst wird dich der Jäger holen mit dem Schießgeweheher, sonst wird dich der Jäger holen, mit dem Schießgewehr!“ Wir lachen uns halb schlapp und gerade, als einer von uns eine Rauchbombe zünden will („Damit die Jägers mal sehen, was wir so drauf haben!“), laden zwei oder drei der Jäger die Flinten durch und richten ihre Knarren auf uns.

Wir heben alle unsere Hände hoch, so wie im Wilden Westen, wenn die Räuber vom Sheriff gefangen genommen werden, oder wie, wenn der Sheriff von den Räubern gefangen genommen wird, je nachdem, wie die Chose eben ausgeht und was für ein guter Sheriff das ist. Mit den Händen oben verlassen wir im Rückwärtsgang den Dorfkrug-Parkplatz. Und, Gott sei Dank, wir kommen da lebend raus und als Barny an einer in der Nähe des Sportplatzes geparkten Karre einen Jagdaufkleber sieht, da weiß er doch gleich, wo er seine Blase erleichtern kann: „Rache ist Blutwurst, Leute! Rache ist Blutwurst!“

Wir anderen gehen schon mal weiter, weil schließlich: Die zweite Halbzeit fängt gleich an.

Die ist – na klaro – schon länger in Gang und immer noch führt Goldebek mit 1:0. Und unser Torwart, nicht gerade das, was man eine Leuchte oder sogar einen guten Torwart nennt, schreit wie blöde aus seinem Kasten: „Na endlich, Leute! Knallt doch mal weiter rum hier, das macht die anderen vielleicht nervös!“

Und sein Wunsch ist Barny gleich Befehl: Aus allen Rohren wird geknallt und geballert und Nordstrand gleicht aus und unser Torwart winkt uns zu und macht den Daumen so nach oben dabei.

Nun ist es nur noch eine Frage der Zeit, bis der Siegtreffer fällt und schon stürmt der Nordstrander Stürmer, dessen Namen ich nicht kenne, der aber so lange Zottelhaare hat, von der Mittellinie alleine auf das Tor des Gegners zu und wir rennen alle, halb auf dem Feld, halb daneben, mit, und in dem Moment, wo er den Torwart ausspielt, sind wir längst im Strafraum drin, alle Mann. Der Ball rollt ins Tor und wir flippen völlig aus. Ein Platzsturm, der die härtesten Hooligans der Welt blass vor Neid werden ließe, würde ich mal sagen.

Nordstrand gewinnt sogar noch 3:1, Barny hat „gut und gerne hundert Mark verballert", Maik immer noch „'n büschen Schiss wegen die Jägers" und das nächste Auswärtsspiel in Goldebek sollten wir vielleicht besser mal ausfallen lassen.

Als wir nämlich am Dorfkrug vorbeirauschen in unseren von unseren Eltern geliehenen Autos, da rollt schon der Dorfsheriff in seinem Trecker auf den Parkplatz. Aber wir cruisen lässig vorbei: Barny sitzt am Steuer, hebt die Hände, als wollte er sich ergeben und wir alle singen noch mal das schöne Lied von dem Fuchs und der Gans und den Jägern.

Während wir an den grünen Gestalten mit ihren Knarren vorbeirauschen wird mir irgendwie schon ganz schlecht, weil: In zwei Wochen sehe ich mindestens genauso Scheiße aus, weil: Ich muss zum Bund.

Endlich Wochenende und raus aus der Kaserne und noch besser: HSV spielt heute bei St. Pauli. Ist ein Freundschaftsspiel, auch wenn der Begriff in diesem Zusammenhang ungefähr so passend wie ein Armani-Anzug in der Westkurve ist.

St. Pauli hat seit Ewigkeiten nicht mehr gegen HSV gewonnen und quakt ja nun immer rum, von wegen: „Immer müssen wir wegen der Sicherheit und so im Volkspark gegen HSV spielen! Doofer DFB und so! Wenn wir mal am Millerntor spielen, dann gewinnen wir bestimmt und dann könnt ihr mal sehen!"

Und weil die immer rumquaken, hat HSV gesagt: „Gut, dann spielen wir eben mal am Millerntor." Und weil St. Pauli mittlerweile ja nur noch in der zweiten Liga spielt, ist das ganz was Feines zum Freuen und ich freue mich schon lange darauf. Freitagabend, keine Bundeswehr, HSV spielt und das auch noch auf St. Pauli.

Gleich, als ich bei Papa in Husum ankomme, da telefoniere ich rum und klar, dass ein paar Leute Lust haben, mitzukommen: Maik, mal wieder, und Barny, mal wieder. Und die Frage aller Fragen: „Wer fährt?", klärt sich, als ich ein, zwei Stunden später die Tür öffne. Da stehen Maik, Barny und Paul und freuen sich. Ich gucke wohl ein bisschen streng, denn Barny fühlt sich berufen statt Einlass und Bier zu begehren, erst mal eine Erklärung abzugeben: „Is das ne Überraschung, Digger?! Ich hab Paul in der Stadt getroffen und gesagt, dass ich unterwegs zu dir bin und wir nach St. Pauli fahren, weil HSV da spielt und der hat gesagt: ‚Echt?' Und ich hab gesagt: ‚Echt!' Und da hat er gesagt: ‚Geil. Kann ich mit? Ich fahr auch!' Und weil ich dachte, dass du bestimmt saufen willst und nicht fahren, hab ich gedacht, dass das O.K. ist. Und auf dem Weg hierher, da kommt er plötzlich damit längs, dass er St. Pauli-Fan ist. Wusste ich vorher auch noch nicht."

Paul grinst mich glücklich an.

„Ich wusste das vorher auch nicht", grummel ich und lass die drei rein. Papa hat Dienst und von daher holen wir, also Barny, Maik und ich, uns schon mal ein schönes Bierchen aus dem Kühlschrank.

„Ah, das nenne ich gepflegt!", lehnt sich Barny genüsslich zurück, während Paul grad aus dem Klo kommt und gleich mal mit der ganz großen Fachkompetenz rüberkommt: „Ist das jetzt ein Bundesligaspiel, oder warum spielt St. Pauli heute gegen HSV? Ist St. Pauli nicht zweite Liga?"

Barny schaut mich an. Maik schaut aus dem Fenster.

„Lass uns man erst mal losfahren, Paul. Wir erklären dir das dann auf der Fahrt."

Mit dem Auto nach Hamburg

Ich hab in meinem Leben schon eine Menge getrunken und da waren auch ein paar alkoholische Erfrischungsgetränke dabei, aber was Barny und Maik und ich auf der Fahrt so alles wegnaschen an Bier, „das ist ganz großer Sport", wie Barny nicht müde wird, zu betonen. „Ich bin stolz auf euch, Jungs." Und er macht noch ein Bier auf.

Da ertragen wir auch, dass wir während der gesamten Reise Bad Religion hören müssen, die ich in echt ja eigentlich ganz geil finde, aber wo kämen wir denn da hin, wenn wir gerade heute gerade so einem wie Paul auch noch in irgendeiner Sache zustimmen würden.

Wir kommen auf St. Pauli an und es ist schon eine Menge los in der Gästekurve, Paul haben wir allein im Auto gelassen, als wir die ersten HSV-Fans gesehen haben.

Barny zeigt sofort die Richtung an: „Auf zum Bierstand, Freunde." Und der Bierstand ist eine glatte Eins plus und zwar darum: Der Mann hinter dem Tresen, der hat wegen der ganzen durstigen HSV-Typen schon zirka hundert Becher halbvoll mit Bier gefüllt, sich also bestens vorbereitet. Er muss nur noch den Becher voll machen und abkassieren und tschüs dann. Allerdings hat er die Kasse, was er wohl auch für ziemlich neunmalschlau hält, nach hinten deponiert, so dass er immer vorne das Bier fertig macht und dann hinten, mit dem Rücken zum Bier, abkassiert.

Wir also immer ein Bier bestellt und bezahlt und in der Zwischenzeit so vier bis fünf Bier abgeräumt und links und rechts weitergegeben und „Pro-host!" Und dann das eine volle Bier noch mitgenommen und „bis gleich, Chef!" Das geht so ungefähr eine halbe Stunde so, bis das Spiel anfängt.

Wir versuchen uns auf das Spiel zu konzentrieren, aber, ich kann es mir kaum erklären: Ich finde den Ball auf dem Spielfeld nicht mehr. Trotz größter Anstrengung können auch Barny und Maik, bei aller Hingabe, dem Kick nicht so ganz folgen und so beschließen wir, „den Chef" noch einmal zu besuchen.

„Aber erst mal eine Wurst, Leute", beschließt Barny, der, kaum an der Frittenbude angekommen, mit der Senftube, die da rumsteht, rumsaut. Ich will mich nicht lange bitten lassen und wie wir so gerade eine Schnitzeljagd machen wollen, so mit Senfpfeilen auf dem Boden, da kommt ein Polizist und Barny kriegt erst mal eine schöne Reise verpasst: „Ey, du! Was soll der Scheiß hier, häh!?" Und der Polizist kommt zu mir und meint: „Pass mal ein bisschen auf deinen Kollegen auf, der sitzt sonst bald mal in der Ausnüchterungszelle, klar?"

„Klar wie Kloßbrühe, Chef! Klar wie Kloßbrühe!"

Na klar pass ich auf Barny auf.

Vor allem aber passt das gut, dass endlich mal die Senftube frei wird. Jetzt bin ich dran und schon geht das los mit dem Rumgespritze und ich rufe laut: „Ich verstecke mich jetzt und ihr müsst mich suchen!" und mache Senfpfeile und renne Richtung Gästeblock.

Ich mache unterwegs mindestens dreißig Senfpfeile, aber Barny und Maik finden mich irgendwie nicht. Vielleicht weil ich mitten im tiefsten Schlägerblock gelandet bin. Alle kurzgeschoren, alle Stiernacken, soweit ich das noch erkennen kann und da denke ich, dass jetzt auf jeden Fall hier mal was passieren sollte und schmeiße die Senftube Richtung Spielfeld. Gibt leider gerade Ecke vor dem HSV-Block und ich verfehle den Schiri nur kanpp. Ich will mich gerade umdrehen, um zu überprüfen, ob auch alle geguckt haben, da drückt mich schon jemand zu Boden. Ich bin auf Schlag stocknüchtern und weiß ganz genau, ich krieg lebenslänglich und fange vor Schreck an zu weinen.

Zuerst will ich alles abstreiten und der Glatze von nebenan in die Schuhe schieben. Da fangen die Glatze und der Ordner gemeinsam ganz herzlich an zu lachen: „Digger, du has ja wohl wat am Kopp", grölt die Glatze, „Kuck dich mal an, du Spacko." Und da hat er ja nun mal Recht, muss ich sagen, wie ich mich so angucke; Recht hat er: Das mit dem halben Kilo Senf auf der Jeans spricht nicht gerade für mich.

Wenig später sitze ich im Polizeitransporter, gemeinsam mit anderen – oder sagen wir: richtigen Hooligans. Die sind heiß wie Frittenfett und können gar nicht schnell genug wieder raus, um Randale zu machen. Einer sieht aus wie der Chef und ruft laut: „Wer ist nachher dabei, wenn's auf dem Kiez weitergeht?" Und alle um mich herum heben ihren Arm und rufen irgendwelchen Kram, und ich melde mich lieber auch.

Eine Stunde später, das Spiel ist längst vorbei. Der Wagen ist jetzt rappelvoll mit zwanzig HSV-Schlägern. Als er sich in Bewegung setzt, kommt lautes Gejohle auf. Ich johle auch ein bisschen mit. Das kommt wohl besser an, als zu weinen und zu rufen: „Lasst mich raus, ihr Schweine! Ich bin doch gar kein Schläger!"

Ich bin total nüchtern, als wir auf dem Revier ankommen und meine Personalien kann ich auch fast auswendig aufsagen. Trotzdem lande ich in der Ausnüchterungszelle.

Um ungefähr 3 Uhr in der Früh werde ich rausgelassen. Ich bin mir nicht so sicher, was jetzt mit mir passiert: Jugendstrafe, Einzelhaft oder Militärakademie, wichtig ist mir nur eins: ein Döner. Ein paar Kröten hab ich noch über, die reichen zwar nicht für die Bahnfahrt nach Husum aber für einen Döner reicht das.

Ich irre herum, weil, ich weiß nicht einmal in welchem Stadtteil ich bin. Ich laufe also und laufe und laufe. Und, tatsächlich: Ich finde eine Dönerbude und bestelle eine grundanständige Fleischtasche, wie immer: „Bitte keinen Salat. Nur Fleisch!"

In der schmierigen Auslage des Ladens steht so ein altes Transistorradio und das dudelt die ganze Zeit vor sich rum und dann gibt das Nachrichten und da wird erzählt, dass HSV gegen St. Pauli mit 2:1 gewonnen hat, was ich super finde und ich freue mich und mache die Boris-Becker-Faust. Zumindest heimlich, denn: Die anderen in dem Imbiss haben braun-weiße Pauli-Schals um.

Als das Radio dann auch noch erzählt, dass um und bei dreißig „HSV-Hooligans" festgenommen wurden, da ergreift einer der anderen Gäste, Typ grundehrlicher Hafenarbeiter mit 'ner Schwäche für „immer rein in die Fresse!", das Wort: „Wenn ich auch nur einen von diesen Hooligans in die Finger krieg, dann gibt das aber richtig Fratzengeballer. Richtig Fratzengeballer, sag ich euch!"

Da ich ja inzwischen knapp neunzig Prozent der heute Abend Festgenommenen quasi per Handschlag kenne, fühle ich mich fast ein bisschen persönlich angegriffen. „Sag mal ...", fange ich an. Und denke gleich darauf: „Acki, warum kannst du nicht einmal dein vorlautes Mundwerk halten?"

Dem Hafenarbeiter scheint's ähnlich zu gehen: „Ey, Keule, hast du irgendnen Auftrag hier, oder was?" Hier jetzt rumzudiskutieren, ist ja irgendwie die schlechteste Idee, die ich seit dem Senftubenwurf hatte. „Ey, Keule, ich red' mit dir!"

Wann ist denn endlich dieser verdammte Döner fertig! Das kann doch nicht so lange dauern, Fleisch in Brot reinzutun!

Der Typ kommt langsam auf mich zu und der Dönermann fragt: „Wirklich kein Salat?"

„Nein, nur Fleisch, nur Fleisch!", kreisch ich ihn an.

„O.K.", sagt der und beginnt erstmal kommodig das Fleisch zu salzen. Der Hafenarbeiter ist mir inzwischen deutlich näher als mein Döner und sieht gar nicht so unmotiviert aus, gleich mal mit dem Fratzengeballer loszulegen, als mir der Dönermeister die Fleischtasche vors Gesicht hält. Ich reiß das Ding an mich, schrei noch mal mutig „Scheiß St. Pauli" in den Laden und schaue, dass ich schneller an der Tür bin als der ehrliche Hafenarbeiter.

An der dritten Ecke höre ich auf zu laufen und wie ich da so rumpuste, fang ich mir doch langsam auch mal an, mir Gedanken um meinen Heimweg zu machen. Ich glaube, dass Paul und Konsorten schon langsam mal losgefahren sind und wohl nicht noch auf mich gewartet haben. Ein bisschen enttäuschend finde ich das ja doch.

Auf der anderen Seite ist es allerdings schon 5 Uhr morgens und da kann man das wohl durchgehen lassen, dass die so mir nichts dir nichts zurück nach Husum gefahren sind. Also mach ich mich dann auch langsam mal auf, Richtung Bahnhof Altona.

In Altona brauche ich gar nicht lange warten und da fährt auch schon der erste Zug Richtung Husum. Ich hab zwar kein Geld, aber jetzt bin ich ja sowieso polizeilich registriert.

Also: Erst mal hinsetzen und abwarten. Ist eh kaum einer im Zug drin, vielleicht geht dann ja auch kein Schaffner rum. Wo keine Fahrgäste sind, brauch man ja auch nichts zu kontrollieren. Und ich sitze ganz hinten im Zug und vielleicht hab ich ja Glück.

Ich höre einen Pfiff. Die Schaffnerin steht genau neben meinem Fenster und flötet sich einen zurecht. Der Zug fährt los und nur zehn Sekunden später geht die Tür auf und der Text hier: „Hier noch jemand zugestiegen?"

Das lässt sich ja nicht leugnen, dass ich gerade zugestiegen bin und da will ich auch gar nicht groß drumherum reden, also erzähle ich einfach mal meine ganze Geschichte von gestern Abend. So wie sie wirklich war. Wie ich völlig zu Unrecht eingesperrt worden bin, weil ich von Senftuben beschmissen worden bin und man mir mein Bier geklaut hat, obwohl, eigentlich trinke ich ja gar kein Bier und mit Fußball hab ich ja eigentlich gar nichts am Hut und so weiter und so fort und, hast du nicht gesehen, sind wir schon in Heide und die Schaffnerin, die in der Zwischenzeit sogar noch eine Cola ausgegeben hat, verabschiedet sich, wünscht mir noch alles Gute und: „Beim nächsten Mal denk aber dran, noch vierzig Mark für eine Bahnfahrt nach Husum dabei zu haben." O.K., denke ich, super Tipp. Und „Tschüs" und „Vielen Dank!"

In Husum ist das früh am Morgen und ein Glück, dass Papa gleich beim Bahnhof wohnt. Ich lauf da hin und wie ich so gerade denke, dass ich doch einen Schlüssel dabei habe, da klingel ich auch schon bei Papa an der Tür. Oh Mist, denke ich. Der ist doch die ganze Nacht Taxi gefahren und hat sicher keinen Bock, von mir aus der Falle geklingelt zu werden. Aber nix da. Papa steht in der Tür und ist zwar völlig verpennt, aber lächelt und sagt: „Ein Glück, dass du da bist. Ein paar Freunde von dir haben hier schon angerufen. Ich habe mir Sorgen gemacht." Ich erzähle ihm nur kurz, das ich im Knast gesessen hab und alles halb so wild und jetzt muss ich ja auch erst mal 'ne Runde schlafen. Papa auch und darum sagt er: „Morgen sieht die Welt ja auch gleich ganz anders aus."

Ein paar Stunden später werde ich durch ein Poltern geweckt. Papa knallt mit den Türen und schimpft in der Küche wie ein Rohrspatz. Ich stehe auf, weil, ich will ja doch mal wissen, was da los ist: „Guten Morgen. Was ist denn hier los?"

„Was hier los ist? Mein Sohn ist ein Knacki und will dann auch noch wissen, was hier los ist?"

Uiuiui. Da hatte Papa also doch Recht, von wegen: „Morgen sieht die Welt schon ganz anders aus."

Papa fährt mich nach Nordstrand, wo Mama schon wartet und gleich tagt mal der Elternrat, der sonst überhaupt gar nicht mehr miteinander spricht, aber jetzt macht man da mal eine Ausnahme, weil, es geht um den verkorksten Sohn und die Frage: „Was haben wir bloß falsch gemacht?" Mama beschließt, dass ich so schnell wie möglich die Sache klären und gleich mal zu unserem Inselpolizisten fahren und mit dem erst mal reden soll. „Der weiß genau, was Sache und zu tun ist. Der kennt sich aus!"

Ich fahr da also hin, schließlich muss ich ja auch sehen, dass ich jetzt nicht noch eine dicke Anzeige bekomme und eine Jugendstrafe oder weiß der Teufel, was. Ich will ja schließlich irgendwann, wenn ich mal dazu komme, noch verweigern und raus aus der Bundeswehr. Aber jetzt als Hooligan wird das wohl schwer, da anzukommen, von wegen: „Ich bin gegen Gewalt und so ..."

Und ich da also rein und der Inselpolizist sitzt hinter seinem Schreibtisch und ich davor und wir reden so ein bisschen und er guckt die ganze Zeit so, als will er sagen: „Och Mensch, Acki. Du machst Sachen ...!" Und ich fange an zu erzählen und palaver so rum, wie das nun war, mit den Hooligans und wie die ... Und dann unterbricht er mich und fragt: „Huliwas?"

Das wird hier noch eine zähe Angelegenheit, denke ich so bei mir und fange einfach mal damit an, wie ich mit Mama und

Papa und Ute zum allerersten Male im Fußballstadion war … Und während ich so erzähle, komme ich mir doch ein bisschen komisch vor und denke darüber nach, wie das nun alles weitergehen und ich erwachsen werden soll, zumindest ein bisschen.

Kapitel Drei

Ruth kommt heute mit ins Volksparkstadion. HSV spielt gegen Köln und noch vor kurzem hätte ich gedacht, dass ich hundert Jahre alt werden könnte und niemals eine Freundin haben werde. Ich hab mir so lange meine Zeit mit Freunden, mir selber und HSV vertrieben, dass ich gedacht hab, dass das eh niemals klappt mit den Frauenzimmern.

Aber, wer sagt's denn, bei den Husumer Hafentagen ist mir doch glatt ein Mädchen, wie Barny meint, „auf den Leim gegangen" und nun habe ich eine Freundin und wir machen das jetzt so richtig mit Hand in Hand durch Husum gehen und mit sich besuchen und knutschen und all dem anderen Pipapo, was man ja so aus der Bravo und anderen Fachgazetten kennt, wo geschrieben steht, was junge Menschen so tun müssen, wenn die zusammen sind. Ich habe dicke Zeit, mittlerweile, weil, meine Bundeswehrzeit ist zu Ende. Ich hab das mit der Verweigerung doch noch hinbekommen.

Wie kann man da also seine Zeit besser rumkriegen als mit einem Mädchen, das einen fast genauso super findet wie man selber das Mädchen. Selbst die Knastsache hat sich erledigt und nun bin ich ja auch in guten Händen bei Ruth und da braucht sich die Polizei keine Sorgen mehr zu machen.

Ich verspreche: Ich mache so schnell keinen Quatsch mehr und hänge meine Hooligankarriere, glaube ich, für das Erste an den Nagel. Randale mach ich erst wieder, wenn Ruth mit 'nem anderen abzwitschert. Darauf kannst du dann aber auch einen lassen!

Ich hab also eine Freundin im Schlepptau und entsprechend bedient ist Barny, der heute mit dem Auto fährt und Ruth und mich und auch noch Maik mitnimmt: Er kann nichts saufen, keine wüsten Sexgeschichten von Barny-Superschwanz und den drallen Häschen erfinden und schon gar nicht kann er darauf gucken, wie Ruth und ich während der gesamten Tour aneinander rumschlabbern. Maik hat vorsichtshalber seinen Walkman aufgesetzt, weil er für uns „unhörbare Musik" dabei hat: „Leute, das wollt ihr gar nicht hören. Ich nehme nur Rücksicht auf eure zarten Gemüter!"

Irgendwie ist das heute alles nichts.

Selbst die üblichen ‚Wir fahren über die A7 zum HSV-Rituale' lassen mich heute kalt. Wie wir über den Nord-Ostsee-Kanal fahren, da gucke ich nicht, wie viele Schiffe auf der linken und wie viele Schiffe auf der rechten Seite des Kanals schippern, weil, eigentlich ist das immer ein Zeichen dafür, wie viele Tore die Heimmannschaft, also HSV, und wie viele Tore die Gastmannschaft, heute also Köln, schießt. Eine todsichere Sache ist das in den allermeisten Fällen.

Außerdem geben wir je nach Wetter alle halbe Stunde Prognosen ab, wie viele Zuschauer wohl ins Volksparkstadion kommen. Wenn das regnet, muss man immer mit weniger als 20.000 rechnen. Scheint die Sonne, muss man immer auch bedenken, dass es nicht zu heiß sein darf, weil in dem Fall ja auch viele Leute ins Freibad oder so gehen und darum kann das dann auch schlecht sein. Aber von Freibad kann heute nicht die Rede sein. Es regnet und ist kalt.

Dann sagt Barny auf jeder Tour, das ist seine Aufgabe, wenn links von der Autobahn die Schornsteine irgendeiner Fabrik rauchen: „Die Torfabrik raucht schon!" Und dann zählen wir die Autos, die mit HSV-Schal aus dem Fenster über die Straße rauschen und hupen die an, weil wir ja schließlich, das ist immer das Erste, bevor die Karre fährt, auch so einen Schal haben. Der flattert zwar nicht aus dem Fenster, aber immerhin wird der auf der Heckablage schön hingelegt, damit ihn auch alle anderen Autofahrer sehen können. Wir sind halt richtige HSV-Fans und richtige HSV-Fans machen das so – wenn sie nicht eine Freundin dabei haben und die eineinhalb Stunden lang abschlabbern.

Maik und Barny langweilen sich deshalb ein bisschen. Kurz vor Elmshorn pennt Maik sogar ein. Zeit für uns, dann doch mal den Walkman in Augenschein zu nehmen: „Die drei ??? und der Super-Papagei" ist das heiße Tape, das Maik in den Schlaf gewiegt hat.

Barny schüttelt nur den Kopf und mir ist das ein bisschen peinlich vor Ruth, aber wir sagen dann mal lieber nichts, als wir beim Parkplatz „Braun" ankommen und Maik vertrant aus der Schlurre steigt.

Und während Barny („Eins kann ja nicht schaden!") und Maik sich noch schnell eine Dose Bier für drei Mark bei einem fliegenden Händler kaufen, gehe ich Ruth an den Hintern und wir fingern ein bisschen aneinander rum und so. Viel besser als Dosenbier für drei Mark, aber hundert Pro!

Und dann geht's auch schon rein in die Westkurve.

Barny ist immer noch beleidigt, weil ja heute wegen „dem Weib" nicht klappt, was wir sonst immer machen. Und das geht so:

Am Zaun der Haupttribüne hängen viele Fans ihre Fahnen auf. Da steht dann was drauf, was die anderen Stadionbesucher, die Spieler und vor allem die Zuschauer an den Fernsehgeräten zu Hause unbedingt wissen müssen. Fan-Clubs haben zum Beispiel Fahnen, da steht drauf: „Elbmacht", „Kap der guten Hoffnung", „Berlin", um nur die coolsten zu nennen. Andere hängen Fahnen auf, wo ein Ort draufsteht: „Nordstrand", „Rahlstedt", „Heide" und so. Und andere haben per Fahne wichtige Botschaften zu übermitteln: „Ballwanz für Deutschland", „Peter grüßt Margot" oder „Ficken". Klasse!

Wir flanieren nun also von der Westkurve Richtung Haupttribüne. Mit unserem Rucksack gehen wir dann zu den Ordnern, machen den Rucksack auf und da drin liegt dann eine Fahne und die winken einen dann durch, weil die glauben, dass wir ja gleich wieder kommen, weil wir ja nur schnell mal die Fahnen aufhängen wollen, um sofort danach wieder in unsere Fankurve zu gehen.

Barny hat das vor ein paar Monaten mal beobachtet und uns dann den Tipp gegeben. Die Ordner lassen einen immer durch, weil die ja denken: Was will so ein richtiger HSV-Fan aus der Westkurve schon auf der Haupttribüne?

Kommodig sitzen zum Beispiel und Ehrengäste anglotzen wie Roberto Blanco oder Otto Waalkes oder den dicken Klaus von Klaus&Klaus! Und mal was vom Spiel mitbekommen und richtig gut sehen. Wir machen uns das bequem in der VIP-Lounge und haben kein Problem damit, mal die Füße hochzulegen auf den guten Plätzen und Uwe Seeler zuzurufen: „Uwe, wink doch mal!"

Am Anfang der Saison, als Ivanauskas, der neue Stürmer, eingeschlagen ist wie eine Bombe und in den ersten Spielen Tore satt gemacht hat, fast so wie bei Maik und mir früher, Anfang der 80er, auf dem Nordstrander Sportplatz, da hatten wir noch alle richtige Fahnen mit: Ich meine „Nordstrand"-Fahne, Maik eine Nordfriesland-Fahne und Barny hatte von seinem älteren Bruder wenigstens noch eine AC/DC-Fahne abgestaubt. Die Ordner achten da eh nie richtig drauf. Hauptsache, da liegt so ein bisschen Tuch im Rucksack rum. Und irgendwann ist selbst das egal gewesen und wir haben erst Handtücher, später weiße Bettlaken ohne Aufschrift (die wir gegen Stuttgart als weiße Fahne aufhängen, trotzdem gewinnen wir 3:2, yeah!) oder nur unsere Jacken mitgenommen. Wir sind immer reingekommen.

Aber heute geht das nicht, weil Ruth dabei ist und Barny meint: „Frau und Fahne, das glaubt doch nich mal n' Ordner."

Also stehen wir in der Westkurve, Block F und müssen mit ansehen, wie Köln schon zur Pause mit 3:0 führt.

Für Barny ist die Schuldige schon gefunden: „Mal ganz ehrlich, Leute, auf der Haupttribüne wäre uns das nicht passiert!"

Das Spiel ist zu Ende und Köln gewinnt 4:2 und auf der gesamten Rücktour sagt Barny keinen Pieps. Maik hat seinen Walkman, den er schon während des Spiels, beim Stand von 0:2 aufgesetzt hat, auf und Ruth und ich knutschen auf der Rückbank rum. Wir kommen in Husum an und wie Ruth und ich uns von den anderen beiden verabschieden, da sagt Ruth was, was Barny bestimmt nicht besonders lustig findet: „Ich komme gerne wieder mit. Das war echt super mit euch. Tschühüs!" Barny sagt „Tschüs" und Maik tut so, als ob er schläft und wacht dann so ein bisschen gespielt auf wie Wum von Wum und Wendelin, wie der aufwacht und so verschlafen aus der Wäsche guckt und „Thoelke!" ruft.

Und wie ich die beiden so wegfahren sehe, da überlege ich, dass Barny und Maik mittlerweile viel bessere Freunde sind als Maik und ich und Barny und ich und was für ein beknackter Tag das eigentlich gewesen ist und dann geht mir Ruth an den Arsch und wir machen weiter mit Rumknutschen.

Dieser verdammte Zivildienst ist endlich zu Ende. Und zur Feier des Tages spielt heute HSV gegen Bayern München und nachdem HSV letzte Woche Duisburg in Duisburg 5:0 weggefidelt hat, geht das jetzt schon fast um die deutsche Meisterschaft. Und genauso wie für HSV läuft das auch für mich ganz nach Plan, find ich.

Weil mir ja das ewige Rumgeknutsche mit Ruth auf den Senkel gegangen ist, hab ich die mal eben weggefidelt und mir eine andere Freundin geschnappt: Die heißt Nina und, mal ganz ehrlich, die find ich zwar super, aber wo ich nun mit den Frauen endlich mal angefangen und Schlag hab, ich mein, immerhin schon meine zweite Freundin, das sagt doch alles, da kann es das ja nun auch noch nicht gewesen sein und ich guck mal hier und mal da, was sonst noch so rumläuft an Girls. Man soll sich ja auch nicht zu früh an ein und dieselbe binden und immerhin sind wir ja nun auch schon fast ein paar Monate zusammen, da schleicht sich ja doch immer ein bisschen Routine zwischen Männern und Frauen ein.

Um so ein bisschen Schwung in den Beziehungsalltag zu bringen, nehm ich Nina heute mit zum HSV. Ich weiß, das letzte Mal, als ich ein Mädchen mit zum Fußball genommen hab, ging das kräftig in die Binsen. Zumindest sagt das Barny, seitdem feststeht, dass Nina mitkommt.

Und Maik sagt: „Wehe, du machst die ganze Fahrt über wieder mit der Alten rum!"

Und ich sage: „Nee, versprochen! Und ich hör auch nicht ‚Die drei ??? und der Super-Papagei'."

Maik flippt voll aus, woher ich das denn bitte wisse, und dass mich das ja wohl überhaupt nichts anginge.

Und um die Situation zu entspannen, fragt Barny: „Kann ich dann mal an die Schnalle ran, wenn du nicht an die ran willst?"

Und dann beschließen wir, dass wir was machen müssen, damit HSV nicht schon wieder „wegen die Weibers" verliert.

Eine halbe Stunde später stehen wir in der Marienkirche zu Husum und werfen ein paar Kröten in den Münztrichter rein und nehmen uns jeder eine Kerze und zünden die an und stellen die auf. Und wir beten: „Lieber Gott, wir beten, dass der HSV Deutscher Fußballmeister wird."

Und Barny hat noch eine klitzekleine Anmerkung: „Am besten noch in diesem Jahr." Und Maik meint: „Und nebenbei könnte ich auch gut mal eine Freundin haben!" Und Barny und ich gucken zu Maik rüber und ich finde es bescheuert, dass Maik bei so einer Sache nicht ernst bleiben kann und nur an sich selber denkt.

Wir holen Nina von zu Hause ab und wie sie einsteigt, da sagt sie kurz „Hi!" zu den beiden anderen und mir geht sie gleich an die Wäsche. Ich versuche, sie zu bremsen, aber Nina lacht nur und knutscht mich nach allen Regeln der Kunst ab. Ich schiebe sie so ein bisschen mild lächelnd zur Seite: „Baby! Nun mach mal Pause!" Und dann klär ich sie mal auf, dass wir schließlich zum Fußball fahren und nicht zu einem Kuschelrock-Konzert.

Und ich gucke zu Barny und zu Maik, ob die das genauso super finden, wie ich, was ich da so gesagt hab. Und Barny und Maik gucken nicht. Die gucken aus dem Fenster. Barny nach vorne auf die Straße, weil, er fährt mal wieder, Maik zur Seite. Und ich gucke zu Nina und die sieht ein bisschen traurig aus. Also stups ich sie in die Seite und lächle und frage laut und deutlich, auch in der ersten Reihe zu hören: „Jemand ein Bier?"

Die Hinfahrt ist irgendwie nicht so lustig. Barny und Maik sind so still und auch Nina sagt kaum noch was. Was die immer hat, denke ich so bei mir und mache mir noch ein Bier auf und stupse nun Maik in die Seite und frage: „Ey Keule, jemand ein Bier?" Maik nimmt eins und wir stoßen an. Zwar nicht besonders euphorisch, aber besser als nichts. Vielleicht wird das ja heute doch noch was mit uns vier. Und Nina nimmt auch eins und Barny trinkt eine Cola Light. Ich versuche ein bisschen Stimmung zu machen und sage: „Cola Light, tut mir leid", als ich sie ihm gebe. Und Barny flucht leise vor sich hin und eigentlich glaube ich, dass das Eis nun langsam mal wieder gebrochen sein müsste. Und, tatsächlich, Barny lächelt. Und sagt: „Du bist so ein Spacken, Acki." Für mich zählt nur eins: Barny lächelt. Barny ist gut drauf. Jetzt muss nur noch HSV gewinnen und Nina werd ich das nachher mal alles erklären.

Wir machen also den ganzen Popanz, den wir immer machen: Wir zählen die Schiffe auf beiden Seiten des Kanals, wir gucken nach der rauchenden Torfabrik, hupen Autos mit HSV-Schals hinterher und Autofahrern in Autos mit Bayern-Schals drohen wir mit den Fäusten. Was uns beruhigt: Das Spiel ist ausverkauft. Da muss man sich wenigstens nicht auf das Wetter und irgendwelche Prognosen hinsichtlich der Zuschauerzahlen konzentrieren.

So kommen wir also doch noch ein bisschen vergnügt am Parkplatz „Braun" an und lassen uns auch von den Bayern-Horden nicht beeindrucken. Jetzt drohen wir aber nicht mehr mit den Fäusten, sondern singen nur noch leise, dass nur wir das mitkriegen: „Wir wollen keine Bayern-Schweine!" Das findet Nina witzig: „Ihr seid echt komisch."

Da gucken Barny und Maik streng zurück: „Was ist an ‚Wir wollen keine Bayern-Schweine' denn bitte komisch?" Nina meint, dass wir drei ja nur flüstern und eigentlich müssten wir das doch laut singen. Sie meint, dass sie das komisch findet. Barny und Maik schütteln die Köpfe. „Glaubst du, wir sind lebensmüde und rufen das hier bei den ganzen Bayern-Fans laut in den Wald rein, oder was?!"

Nina schaut mich etwas ratlos an und nun schüttelt sie auch mit dem Kopf und ich auch ein bisschen, weil, ich glaube, aus den dreien werden keine besten Freunde mehr.

Und so ein bisschen schmollen wir dann alle, bis wir im Stadion angekommen sind. Und wieder stehen wir in der Westkurve, worauf sich Barny aber, ein Glück, schon länger eingestellt hatte und außerdem sind wir ja heute in der Kirche gewesen, damit das nicht ein Nachteil für HSV wird. Also, was das angeht, kann nicht viel schief gehen heute. Tatsächlich spielt

HSV gut und Bayern nicht so gut und Mitte der zweiten Halbzeit gibt es einen Freistoß für HSV aus gut und gerne zwanzig Metern Torentfernung. „Das ist was für Albertz", stellt Barny trocken fest. Und Maik schlägt die Hände vor das Gesicht, weil, er „kann das nicht mit ansehen". Viele Chancen hat das im Laufe des Spiels noch nicht gegeben. Wenn wir also den Bayern einen reinkegeln wollen, dann jetzt, denke ich bei mir und nebenbei will ich auch Nina auf das, was kommt, vorbereiten und sage: „Leute, fertig machen zum Jubeln!"

Aber Nina hat das nicht so ganz mitbekommen. Frauen haben, wenn die das erste Mal im Stadion sind, ihre Augen ja überall, nur nicht auf dem Platz.

Ständig wird da gefragt, warum das nun wieder Freistoß gibt und warum der Rote den Weißen festhält und warum die anderen sich nun schon wieder beschweren und warum machen die Fans alle, wenn es eine Ecke gibt, immer so komisch die Hände nach vorne und dabei „Oooooh ..."

Fragen über Fragen.

Und so eine Frage hat Nina jetzt auch. Sie lehnt sich zu mir nach vorne und legt dabei ihren Kopf, also eher ihr Kinn auf meine Schulter, um nachzufragen, wofür wir uns nun fertig machen sollen, aber da ist es schon zu spät und ich verpasse ihr einen Knockout wie nur was, weil, genau in dem Moment, wo sie ihren Kopf auf meine Schulter legt, zieht Jörg Albertz ab und der Ball rauscht mit einem Affenzahn ins Eck und – 1:0 für HSV! Und ich springe nach oben.

Also meine Freude ist kurz. Ich habe alle Hände voll zu tun, Nina zu verarzten. Sie lispelt irgendwas von wegen: „I hap mir auf fie Funge gefiffen!" Ich klopfe ihr also ein bisschen auf den Rücken, während ich natürlich das Spielfeld nicht aus den Augen lasse. Und ich bin sowieso schon genervt, weil all die anderen voll am Abgehen sind und nur ich mich um meine Freundin kümmern muss, da schießt Bayern das 1:1 und ich klopf Nina so doll auf den Rücken drauf, dass sie laut „Aua!" schreit. Und ich habe jetzt langsam mal die Schnauze voll, von auf den Rücken klopfen und schnauze zurück: „Was denn jetzt!?" Und ich denke, es kann nicht mehr schlimmer kommen, weil, eigentlich ist auch ein Unentschieden viel zu wenig gegen Bayern, da schießt Bayern auch noch das 1:2 und ein Glück, dass ich nicht mehr am Klopfen bin, denke ich jetzt, weil, da hätte ich Nina ganz sicher sonst ein paar Wirbel verschoben.

Nach dem Tor wird auch fix abgepfiffen und wir schleichen so Richtung Parkplatz, weil, es ist voll auf den Wegen und wenn ich eines hasse, dann das: HSV verliert und man kann nicht im Stechschritt zum Auto flitzen, sondern muss langsam und andächtig im Pulk dieser ganzen ‚Ich gehe einmal im Jahr gegen Bayern ins Stadion und du?-Fans' mittrotten und sich nebenbei Gedanken über sein Leben und all den Kram machen. Es ist manchmal zum Aus-der-Haut-fahren, das Leben. Finde ich.

Und was ich auch noch finde: Nina kommt nicht noch einmal mit! Um nicht zu sagen: Frauen grundsätzlich kommen nicht mehr mit ins Stadion. Frauen bringen nur Unruhe ins Spiel. Ich hätte es vorher wissen müssen!

Barny und Maik und ich gucken heute HSV im Fernsehen. Na ja. So fast. Wir gucken Fußball auf Premiere, ohne Dekoder. Und HSV spielt in Frankfurt. Und alles, was wir vom HSV mitbekommen, ist das Gesabbel vom Kommentator. Besser als nichts und außerdem hat Barny heute Morgen beim Aufräumen den Schlüssel für den Schnapsschrank von seinem Papa gefunden und in der Tür begrüßt er uns mit einer Flasche selbst gebranntem polnischem Wodka: „Freunde der Sonne, hereinspaziert! Mein Vater gibt einen aus!"

Barny sein Papa und Barny seine Mama sind verreist und darum hat Barny sturmfreie Bude. Da können wir mal so richtig schön Scheiße bauen: Im Fernsehen verschlüsselt Premiere ohne Bild gucken, lange aufbleiben, Schnaps trinken, im Stehen pinkeln, halt das ganze Programm!

Eigentlich waren Nina und ich ja verabredet gewesen, aber auf Kaffeetrinken und Ringelpietz mit Anfassen hatte ich sowieso keine Lust, da ist mir Barnys Anruf gerade recht gekommen: „Heute bei mir!“

Und wie ich das Nina sage, von wegen „Heute bei Barny!“, da ist sie ein bisschen böse und grummelt kurz und beschließt, dass sie ja mitkommen kann, zu Barny und Maik. Und ich sage: „Wie du meinst!“ und finde das so was von fies von Nina, dass sie da mit hin will. Nicht mal den kleinsten Spaß gönnen die Frauen einem. Aber, wie sie meint. „Ich kümmer mich aber nicht um dich, da musst du schon Barny oder Maik fragen, ob die mal mit dir reden und so. Ich muss HSV gucken!“

Maik

Und Barny und Maik sind, das hätte ich mir ja denken können und Nina hätte sich das auch denken können, total bedient von dem Damenbesuch und lassen Nina eiskalt links liegen.

„Ich will HSV sehen“, meint Barny zu Nina, als die wegen der Toilette mal fragen will, ob sie die mal benutzen darf. Und Nina spricht Maik an, ob der weiß, wo das Klo ist und Maik macht nur so Wischiwaschi-Andeutungen, indem er so mit der Hand grob in eine Richtung zeigt. Nina scheint damit trotzdem was anfangen zu können und bedankt sich und verschwindet und kommt nicht wieder.

Mir fällt das ungefähr eine halbe Stunde später, kurz vor Ende des Spiels, auf.

„Wo ist Nina denn hin?“ frage ich Barny.

Der kann sich vorstellen, dass sie ins Klo gefallen ist und lacht laut.

Maik macht nur so Andeutungen, grinst komisch und starrt weiter auf das Streifenmuster auf dem Fernseher, unter dem ab und zu ein paar Beine auftauchen, weil das Geile: Es ist ja nicht so das ganze Bild weg, wenn man Premiere ohne Dekoder schaut. Ein kleiner Streifen – so etwa 5 cm – sind ja in glasklarer Qualität zu sehen.

Ich mache mich mal auf den Weg, um Nina zu suchen. Ich meine, alles was recht ist, aber wenn da jetzt echt was passiert ist? Ich durchsuche das ganze Haus vom Dachboden bis zu Barnys Mamas Hobbykeller, aber keine Nina zu finden, also geh ich ins Wohnzimmer zurück:. „Ich mach mal 'nen Abgang, Leute. Nina suchen." Und Barny verabschiedet mich: „Ja ja! Wir Männer haben das echt nicht leicht!"

Und ich geh gerade vor die Tür, da denke ich noch, dass ich gar nicht weiß, wie HSV ausgegangen ist. Und wie ich so in der Haustür stehe, da sehe ich Nina am Gartenzaun lehnen und sie weint. Ich muss ja ehrlich sagen: Ich muss jetzt erst mal wissen, wie HSV eigentlich ausgegangen ist.

Ich also noch mal schnell nach oben und Barny und Maik erzählen, von wegen 1:1. Ich also wieder runter zu Nina, mal ein bisschen auf Schönwetter machen, wie es so schön heißt. Ich gehe also runter und Nina ist weg.

Zuerst denke ich noch, geil, jetzt wieder nach oben zu Barny und Maik und dann einen gemütlichen Abend, aber dann erinnere ich mich, dass wir eigentlich zu der Riesensause überhaupt eingeladen sind, heute Abend, und ich glaube, ich muss mich mal auf den Weg machen, zu Nina. Retten, was zu retten ist.

Ninas Mama macht ein bisschen grummelig die Tür auf und lässt mich rein und ich komm dann in Ninas Zimmer rein und ich muss schon alle Register ziehen, um die ganze Chose wieder ins Lot zu bringen. Ich erzähle irgendeinen Quark, von wegen „war doch nicht so gemeint" und „tut mir ein bisschen leid" und „du hast aber auch Schuld, was kommst du auch mit" und irgendwie kommt es, dass wir tatsächlich zu dieser Party von Ninas Schulfreund gehen.

Und wie wir so zusammensitzen und Bier trinken und uns die Gäste angucken, da ist alles ein bisschen in Ordnung und wir hören auch ein bisschen Musik: „I like to move it, move it! I like to move it, move it! I like to move it, move it! I like to – move it!"

Dann trifft Nina eine Schulfreundin. Zeit für mich, meinen Rundgang zu machen: den DJ nerven, dass er endlich mal vernünftige Musik spielen soll, ein paar Biere verstecken für den Fall, dass irgendwann am Abend mal Reserven gebraucht werden, ein paar Zigaretten schnorren.

In der Nähe der Tanzfläche treffe ich sie, wie sie da so sitzt und ein Zigarettchen raucht und auf irgendetwas wartet, auf irgendetwas warten muss, weil nämlich: Nur so und allein sitzt solch ein Mädchen im Leben nicht rum.

Und irgendwie ist mir gerade alles egal und ich halte mich gerade ja eh für den Größten und ich geh da also hin und stelle mich vor: „Ich bin Acki." Und sie sagt: „Ich bin Inken", und bläst mir den Rauch ins Gesicht. Und ich sage: „Zigarettchen gefällig?" Und sie sagt: „Danke, ich habe noch." Und ich sage: „Ach so." Und sie sagt: „Bist du alleine hier?" Und ich so: „Ja, klar!"

Ich bin kein guter Freund. Nicht für Ruth. Nicht für Nina. Aber jetzt wird alles gut. Jetzt muss nur noch Inken mit mir gehen wollen.

Acki ist verliebt

Inken ist wie ein Aal, der ständig rumzappelt und sich nicht festhalten lässt.

Fast so wie in diesem Softporno, in den Inken und ich am Samstagabend – rein zufällig – reinzappen und wie da in der allerersten Szene so eine nackte Schlampe im hüfthohen Wasser rumzappelt und die ganze Zeit „Aaaaah!" und „Juhu!" und „Super!" und „Das tut vielleicht gut, man glaubt es nicht!" ruft, da fragt Inken laut, was die Alte denn hat und ich sage ganz automatisch, dass die doch ganz sicher einen Zitteraal zwischen den Beinen zappeln hat und „geil" ist und Inken dreht sich zu mir rüber und sagt: „Du Schwein!", und in dem Moment greift sich die nackte Schlampe im Softporno zwischen die Beine und was fischt sie sich da raus aus dem Wasser? Na? Einen Zitteraal! Und ich mache ein bisschen „Hehehe ..." und wie dieser Zitteraal, so ist auch Inken, nur mit dem Unterschied, dass sie nicht zwischen meinen Beinen rumzappelt. Leider.

Immer, wenn ich denke, ich hab sie im Griff, da zappelt sie mir weg. Mal weiß sie nicht so richtig, ob sie mich super findet. Dann hat sie was anderes vor oder muss zur Arbeit oder schlafen oder eine Freundin treffen und so weiter und so fort. Was Frauen so alles für einen Quatsch vorhaben eben. Das war mit meinen anderen Freundinnen aber noch anders. Die hatten immer für mich Zeit. Nun hab ich zum allerersten Mal eine Wohnung für mich alleine und dann das.

Ich bin gerade bei Mama ausgezogen und so richtig angekommen im hippen Husum und kann jetzt mal so richtig lange aufbleiben und Zähne in der Toilette putzen und Abwasch Abwasch sein lassen und am Wochenende gar nicht mehr aufstehen und nie mehr Rasenmähen und schon gar nicht mehr den Müll rausbringen. Alles ist also grad geil, nur das mit Inken nicht. Und ich hatte so gehofft, dass bei den Frauen gilt: Kennst du eine, kennst du alle! Aber was weiß ich schon von Frauen.

Heute ist auch wieder so ein Tag. Ich warte den ganzen lieben langen Tag darauf, dass Inken sich bei mir meldet, aber das tut sie nicht und so beschließe ich irgendwann mal, Barny und Maik anzurufen, wie das aussieht mit HSV gegen Mönchengladbach. Die sind zwar nicht besonders begeistert, dass ich mich kaum noch melde, seit ich Inken kenne, aber sie sagen „O.K." und ich will mich gerade auf den Weg nach unten machen, weil Barny und Maik müssten gleich kommen und mich abholen, da klingelt es an der Tür. Inken hat eine Flasche Sekt dabei und einen ganz tollen Plan: „Wir beiden Hübschen machen uns heute mal einen richtig schönen Abend!" Ich denke so bei mir: Wie beschissen ist das denn hier bitte? Genau in dem Moment hupt's unten wie verrückt. Ich gucke aus dem Fenster und das sind Maik und Barny, die beide aus Barny seiner Karre rauswinken und mir ganz klar zu verstehen geben: „Geht das jetzt los oder geht das los, Alder?!"

Ich rufe schnell runter: „Geht lo-hos!" und ich drehe mich um zu Inken, die ein Gesicht macht wie zehn Tage Regenwetter. Und das hab ich ja gerne und das schmier ich ihr auch gleich mal aufs Brötchen rauf: „Erst meldest du dich nicht und jetzt machst du hier auf beleidigte Leberwurst! Das hab ich ja gerne, du!"

Und Inken sagt mir, was sie gerne hat und ich bin ein bisschen überrascht und denke „Uiuiui", weil, ich hab nicht gedacht, dass Inken glaubt, dass ich bescheuert wär: „Bist du bescheuert? Du hast doch wohl gesagt, dass wir ja mal gucken können, ob wir uns irgendwann mal wieder sehen und wir müssten uns ja nicht gleich festlegen und so.

Ich hab die ganze Zeit auf deinen Anruf gewartet. Das tue ich schon, seit wir uns kennen. Ich warte, dass du dir endlich mal was Nettes aus dem Arsch rausleierst. Du solltest dich echt mal festlegen, was du eigentlich willst, du Arschloch!"

Die Tür knallt zu und draußen höre ich, wie Inken weint und ich will noch hinterher, aber irgendwie lass ich das lieber, weil nämlich, was soll ich dazu groß sagen. Und ich denk die ganze Zeit nur immer wieder das Gleiche: „Uiuiuiuiuiuiuiui …"

Natürlich hab ich in den letzten Wochen und Monaten so ein bisschen auf eiskalt getan. Aber hätte ich denn sagen sollen, wie geil ich Inken in echt finde? Das haben mir nun wirklich alle geraten, dass ich sie ein bisschen zappeln lassen und ihr nicht gleich hinterherrennen soll.

Ich hab nur das getan, was Barny und Maik mir gesagt haben. Und außerdem: Die hätte sich ja auch mal festlegen können, die olle Schnute. Das hätte ich ihr man vor den Latz knallen sollen: „Leg dich man selber mal fest!" Eigentlich denke ich aber, dass ich einfach nicht auf diese beiden Arschgeigen von Barny und Maik hätte hören sollen. Jetzt gehe ich aber trotzdem mal lieber runter.

Die gesamte Hinfahrt bin ich damit beschäftigt, den beiden Idioten mal ganz gewaltig den Marsch zu blasen, so wie das die Jägerfreunde von Maiks Onkel ihm auf seinem 60. Geburtstag besorgt haben. Maik, Barny und ich waren bei dem Fest in der plattdeutschen Tiefebene und es gab Grünkohl und Korn satt und wir waren alle allerbester Stimmung und dann fehlte, als Krönung, nur noch die Ansprache vom Geburtstagskind und er fing auch gleich nach dem Essen damit an und sagte, mit Tränen der Rührung in den Augen: „Ick wull mi noch recht hartlich bi de Jägers bedanken, datt se mi to mien tweemaal dörtichste Geburtstach so fein een blast hemm!"

Wie auch immer: Genau so einen geblasen bekommen auch Barny und Maik jetzt von mir, so wie sich das nun mal gehört, wenn man Mist gebaut hat. Und die bedanken sich dann auch nicht bei mir, sondern gucken sich genervt an und finden, dass ich „ruhig zu Hause" hätte bleiben können. Und das kann ich ja erst recht ab. „Erst macht ihr da unten so ein Gehupe vor meinem Fenster und mich und Inken ganz nervös und dann soll ich plötzlich zu Hause bleiben? Wer ist denn Schuld an der Scheiße, hä? Das seid doch wohl ihr mit euren tollen Tipps! Wisst ihr, wer in echt mal zu Hause bleiben kann? Ihr könnt in echt mal zu Hause bleiben!"

Und auf der Fahrt spiele ich so doll die beleidigte Leberwurst, wie ich das schon lange nicht mehr gemacht habe und ich gucke die ganze Zeit aus dem Fenster und sehe Schiffe auf dem Nord-Ostsee-Kanal schippern und den Schornstein der Fabrik an der Autobahn rauchen und ich sehe Autos mit Schals an uns vorbeifahren und das ist mir alles so was von schnurzpiepegal, wie überhaupt nur was. Und ich denke an Inken und vor allem denke ich, dass ich im Moment alles falsch mache, was ich nur falsch machen kann und dann denke ich noch: „Kacke, Kacke, Kacke!" und wenn ich jetzt alleine wäre, dann würde ich erst mal weinen und vielleicht würde ich Mama anrufen, um mal zu hören, was sie dazu meint.

Aber apropos Kacke: Um Barny und Maik kümmere ich mich gar nicht. Wir reden kaum ein Wort miteinander, und HSV führt gegen Mönchengladbach ewig lange 1:0, und wir sitzen mal wieder auf der Haupttribüne, weil wir unsere Jacken und Maik ein Badehandtuch vorgezeigt haben, ohne, dass wir uns groß abgesprochen hätten.

Die Stimmung im Stadion ist gut. Es ist Freitagabend und die Flutlichter leuchten das Stadion so aus, dass die anwesenden 30.000 Zuschauer aussehen wie 61.000, aber so richtig interessiert mich das heute nicht.

Und dann gibt der Schiedsrichter auch noch zwei HSV-Spielern auf einmal eine rote Karte und neun HSV-Spieler können gegen elf Mönchengladbach-Spieler ungefähr eine Minute lang das Ergebnis halten, dann fallen zwei Tore auf einmal. Für jede rote Karte eins und es steht 1:2 und ich denke an Inken und wie das alles nur weitergehen soll mit Inken und mit mir und dann pfeift der Schiedsrichter das Spiel ab.

Ich buhe noch ein bisschen den Schiedsrichter aus und rufe „Schiedsrichter Telefon, deine Alte wartet schon!" und ich denke noch, dass meine Alte ganz bestimmt nicht auf mich wartet und fange schon wieder fast an zu heulen.

Dann gehen wir zum Auto und reden gar nicht viel. Nur Maik sagt, wie wir beim Parkplatz ankommen: „Mist. Verloren."

Wir steigen ins Auto ein, machen Musik an – Barny besteht darauf, dass wir nur Motörhead hören, was Maik und mir auch schon fast egal ist an so einem Tag – und fahren wieder nach Hause.

Ich hab die ganze Nacht nachgedacht und ich hab gedacht, dass ich was ändern muss, und den ganzen Tag hab ich das immer noch gedacht. Und heute Abend sage ich mir: „Acki, altes Haus. Es ist doch vielleicht tatsächlich so, wie Papa immer gesagt hat: HSV ist nicht alles im Leben." Und ich fahre gleich nach dem Aufstehen zu Inken nach Hattstedt und schmeiß mich vor der Haustür vor ihr hin und frage, ob wir nicht zusammen sein wollen und ich will auch immer artig sein und HSV ist doof und Barny und Maik sowieso und von jetzt an weht ein neuer Wind und ich verspreche, ich fahre nicht mehr zum Fußball. Um nicht sogar klipp und klar zu sagen: Fußball, nein danke!

So, jetzt ist es raus: Ich möchte nicht alleine sein und ich finde Inken super und Mama und Papa meinen auch immer, dass ich mal erwachsen werden soll, also werde ich jetzt mal erwachsen und höre auf mit Fußballgucken und mache das, was ich glaube, was man tut, wenn man eine Freundin hat.

Inken lässt mich rein in die Bude und ihre Mama guckt mich enorm streng aus der Küche an. Ich tue so, als ob ich den strengen Blick nicht gesehen hätte und begrüße Inkens Mama ganz freundlich. Wir gehen nach oben und reden ewig lange über so Beziehungskram, bevor wir überhaupt so richtig angefangen haben mit der Beziehung.

Aber dann fangen wir damit an, ein richtiges Liebespaar zu sein und wir fahren nach Husum, „ein bisschen shoppen", wie Inken vorschlägt. Ich bin nicht in der Position, Forderungen zu stellen und ich rufe, vielleicht etwas zu euphorisch: „Hurra!"

Inken guckt ein bisschen griesgrämig und ich denke „Uiuiui" und schnell sage ich: „Ich geb ein Eis aus, heute!" Und nun sagt Inken: „Das ist ein Wort!" Und ich sage: „Jawoll, das ist ein Wort!" Und schon bald danach sind wir in Husum.

Inken braucht ungefähr zwei Stunden, bis sie sich für das Paar Sportsocken entschieden hat und dann bummeln wir ein paar Stunden am Wasser rum, was Inken „Spazierengehen" nennt und dabei versuche ich die ganze Zeit, sie davon zu überzeugen, dass wir mal schleunigst zu mir auf die Bude gehen, weil, die ist ja schließlich um die Ecke und da könnte man sich ja durchaus ein bisschen ausruhen, von dem anstrengenden Einkaufsbummel, aber Inken möchte in ein Café rein und da das versprochene Eis essen und einen Kaffee trinken und Händchen halten und so.

Ich bin grad ein bisschen beleidigt, da treffen wir eine Freundin von Inken und den dazugehörigen Freund, die auch gerade Einkaufen waren und jetzt Eis essen und Kaffee trinken wollen und, „was für ein Zufall" (Inken nun wieder), die haben heute Abend auch noch nichts Besonderes vor und was liegt da näher, als sich für heute Abend gleich zu einem „Spieleabend" zu verabreden.

Kaum sind Inken und ich bei mir zu Hause angekommen und ich will mir das gleich mal bequem machen und ‚ran' gucken und frag mich gerade, was für eine bescheuerte Jeansjacke der Moderator wohl heute wieder anhaben wird, da fällt mir rechtzeitig ein, dass ich mich ja nicht mehr für Fußball interessieren tu.

Also versuche ich, Inken so ein bisschen anzumachen, indem ich sage: „Wollen wir uns das nicht ein bisschen auf dem Sofa bequem machen, Baby?"

Und ich tue dabei so ein bisschen müde und strecke mich ein bisschen, aber, ich vergaß, wir haben heute ja Wichtigeres vor: „Bist du verrückt? Wir müssen doch noch deine Rumpelkammer aufräumen, bevor die beiden kommen!"

Also nix da mit ein bisschen rumfummeln, stattdessen wird erst mal kräftig abgewaschen, was eigentlich auch gar nicht so unpraktisch ist, weil, ich hab gar kein sauberes Geschirr mehr.

Und in der klitzekleinen Küche ist an Abwaschen schon gar nicht zu denken, also alles Geschirr rein in den Wäschekorb, den ich Mama unbedingt noch zurückbringen muss, wenn ich ihr das nächste Mal die dreckige Wäsche vorbeibringe. Und während ich eineinhalb Stunden abwasche und dabei aus Versehen darüber nachdenke, wie das gestern angehen konnte, dass HSV 1:2 verloren hat und was für ein Arschloch eigentlich dieser verfluchte Schiedsrichter gewesen ist, da ruft mir Inken aus der Küche, wo sie „was Schnelles für uns vier" kocht, doch glatt zu: „Ich liebe dich!"

Und ich denke: Hurra! Und ich sage: „Ich dich auch!"

Und sie ruft hinterher, dass sie den Tag ganz toll findet und ich muss schon sagen, ich finde den Tag auch toll. In meinem Leben hat sich das noch nicht so gut angehört, wenn jemand zu mir gesagt hat: „Ich liebe dich."

So wird das gemacht, Acki! Scheiß auf Fußball!

Inken und Acki

Unser Besuch kommt dann auch bald und die haben in einem geflochtenen Korb Chips und Spiele und Multivitaminsaft dabei und wir alle vier setzen uns an den großen Tisch und palavern so ein bisschen über das Wetter, über den Beruf oder die Ausbildung und ich erzähle ein bisschen von der Ausbildung zum Erzieher, die ich nach dem Zivildienst angefangen habe, und das passt alles so wunderbar dazu, dass ich nun endlich erwachsen werde, dass Inken ganz glücklich zu mir rüberlinst, weil ich jetzt endlich Verantwortung übernehme und mich um mein Leben und um Inken kümmer und nicht immer nur um HSV.

Es ist zwar ein bisschen langweilig, hier rumzusitzen, aber, ich werde mich schon daran gewöhnen. Alles eine Frage der Übung!

Paul hat mich seit ewigen Zeiten mal wieder angerufen und er meint, er hat noch zwei Plätze in seiner Schlurre frei und morgen spielt ja HSV gegen St. Pauli und er meint, „du als alter HSV-Fan bist doch bestimmt dabei, oder?"

Ich bin ewig nicht mehr beim HSV gewesen. Natürlich schaue ich mir die Spiele auf Sat.1 noch an, wenn Inken nicht da ist und ich Zeit habe, aber Fußball im Fernsehen ist ja nicht auszuhalten, aber – na klaro – hab ich mich gefreut, dass HSV jetzt, wo Felix Magath neuer Trainer ist, wieder gewinnt und fast schon wieder Deutscher Meister ist. Aber nach Hamburg hinfahren? Bin ich bescheuert? Mich wieder mit Inken anlegen und dann Stress ohne Ende und wieder auf dem Boden um Verzeihung betteln? Nee! „Lass man stecken, Paul! Keine Zeit!"

Und wie Inken und ich so vor dem Fernseher sitzen und ein bisschen ‚Baywatch' auf Video gucken und ich Inken alles über David Hasselhoff verrate, was er gerne isst, welche Hobbys er hat, warum er so ein guter Schauspieler ist, warum er so ein guter Sänger ist, da liest Inken in der Zeitung, dass ja HSV gegen St. Pauli spielt und sagt: „Du, HSV spielt heute gegen St. Pauli." Und ich will gerade weitermachen mit über David Hasselhoff Kram erzählen, da sagt Inken, dass sie da Lust drauf hätte, da hinzugehen, weil das „ja bestimmt spannend" wird. Und ich tue so ein bisschen, als wüsste ich gar nicht, wie wir da hinkommen und ich muss mal kurz telefonieren und rufe gleich mal Paul an und der freut sich „ein zweites Loch in den Arsch", dass wir mitkommen. „Acki und Paul zusammen nach Hamburg! Das wird super, Acki!"

Also sitzen Inken und ich bei Paul in der Karre und fahren nach Hamburg. Paul hat einen von diesen grässlichen Totenkopfpullovern an, die viele St. Pauli-Fans anhaben und Inken und Paul freunden sich schnell an, weil Inken sagt zu Paul: „Schicker Pullover. Warum ist da denn ein Totenkopf drauf?"

Und Paul erzählt irgendeinen vom Pferd und das hätte ja was gegeben, wenn jetzt Barny oder Maik dabei gewesen wären. Die hätten Paul mal schön was erzählt und Inken gleich dazu, was man mit solchen Pullis machen tut. Aber mich interessiert das nicht.

Ich gucke so ein bisschen aus dem Fenster und wie wir so über den Kanal rüberrauschen, da muss ich schon wieder an Barny und Maik denken. Ob die heute auch da sind? Bestimmt, die Idioten. Die haben ja auch nichts Besseres vor, als sich um HSV zu kümmern.

Wenn die mal eine Freundin hätten, dann wären die auch mal ruhiger. Dann könnten die auch mal sehen, wie super das alles mit einer Freundin ist.

Beim Stadion angekommen müssen wir uns erst mal, wie alle anderen, die mit Fußball nicht viel am Hut haben, um Karten kümmern.

Hinter der Westkurve haben wir Erfolg: So'n Hirni verkloppt seine Tribünenkarten für zwanzig Mark das Stück. Macht also vierzig Mark für zwei Karten. Und er sagt zu mir: „Vierzig Mark, Alter!"

Ich hab also schon die vierzig Mark in der der einen Hand und die beiden Karten in der anderen und er ruft immer wieder laut in die Menge rein: „Südtribünenkarten für zwanzig Mark!" und ich frage noch mal nach: „Zwanzig Mark?" Und er sagt: „Ja, wie oft soll ich das denn noch sagen?" Er zieht mir einen der beiden Zwanzigmarkscheine aus der Hand und steckt den ein und dreht sich weg und weiter geht's mit seinem Rumgebölke: „Südtribünenkarten für zwanzig Mark!" Ich gehe zu Inken rüber und zieh mal so'n büschen die Spendierhosen an, schließlich kann ich mir das nach dem Geschäft gerade noch leisten: „Hinter der Südtribüne gibt es ausgezeichnete Bratkartoffeln."

Daran kann ich mich gerade noch erinnern und Inken hat einen „Mordshunger", wie sie sagt. Und ich bin ein guter Freund und kann meine Freundin nicht hungern sehen und sage: „Komm Baby, ich lade dich ein!"

Wir essen die Bratkartoffeln und schauen uns die Karten an und darauf steht: Südtribüne, Block 34. Reihe 12. Und ich kram so'n büschen in meinem Gedächtnis und wenn ich mich nicht komplett irre, dann sitzen genau da die räudigsten HSV-Hooligans überhaupt. Und, wie wir die Bratkartoffeln aufgegessen haben und so den Block runtergehen, da sehen wir schon etwas weiter unten Rauchschwaden und vermummte Menschen und drumherum um und bei zweihundert Polizisten. Und wir gehen noch ein paar Stufen runter und ich will gerade zu Inken sagen, dass wir hier falsch sind und doch eher woanders sitzen, weil, was wird sie von mir denken, wenn sie so was mitbekommt, da hat Inken was gesehen: „Du, Acki, hier steht ‚Block 34. Reihe 12', hier sind wir richtig." Und sie strahlt über beide Backen und, was bleibt mir anderes übrig: „Lieber Herr Polizist, können Sie uns mal kurz durchlassen?" Und der Polizist guckt streng und mahnt: „Na, wenn's sein muss und ihr nicht auch nur Randale im Kopf habt!"

Ich hab mir das während der Fahrt so schön ausgemalt. Mit Inken schön gemütlich auf der Tribüne sitzen und ein bisschen Fußball gucken und während wir uns aneinanderkuscheln schießt HSV ein paar Tore und Inken sagt jedes Mal „Ich liebe dich!" und ich nehme sie dann beschützend in den Arm und sie fühlt sich geborgen und alles ist so super wie nur was.

Nun sitzen wir als Einzige zwischen all den jungen Draufgängern, die nichts als Blödsinn im Kopf haben, wie Papa sagen würde, und die stehen allesamt auf den Holzbänken und springen und lassen ihre Zigarettenkippen fallen – das wäre auch was für Papa – und rülpsen und furzen und schubsen sich ständig selber hin und her, dass sie fast auf uns drauf springen.

Ich will ja lieber nichts sagen, man will ja keinen Ärger riskieren, aber ich lege vorsichtig den Arm um Inkens Schulter, damit ich wenigstens einen kleinen Teil meines Vorhabens einlösen kann.

Inken schaut die ganze Zeit fasziniert zu, während die Typen um uns herum langsam aber sicher den Spaß an dem ganzen Heckmeck verlieren und nach und nach alle abdampfen.

Das Spiel fängt gleich an und „endlich ist hier Ruhe im Karton", wie ich erwachsen rumtöne. Und Inken dreht sich zu den Hools um und sie klingt ein bisschen traurig, als sie fragt: „Wieso gehen die denn jetzt weg?" Ich weiß das auch nicht, bin ja nicht Jesus, und murmel was von wegen „Die mischen jetzt den St. Pauli-Block auf."

Und ich denke still in mich rein, weil, ich bin ja jetzt erwachsen: „Diese Asis!"

Und Inken guckt denen immer noch hinterher und ich kann das klar und deutlich hören, wie sie sagt: „Cool." Und ich verstehe so ein bisschen die Welt nicht mehr, weil, erkläre mir einer die Frauen.

Das Spiel ist ein bisschen sehr bullenlangweilig, was mir eigentlich in die Karten spielen sollte. Natürlich wird Inken über kurz oder lang in meinen Armen liegen und wir werden ein bisschen aneinander rumfummeln und die Nacht vor 50.000 zum Tag machen und uns ein bisschen antörnen, damit wir nachher, wenn wir wieder zu Hause sind, schon auf Betriebstemperatur sind.

Aber Inken ist irgendwie total komisch heute. Sie schwärmt die ganze Zeit von „diesem Felix Magath", weil der „so einen coolen Anzug" anhat und jedes Mal, wenn HSV die Mittellinie überquert, steht sie auf und kreischt ein bisschen rum: „Looooos!"

Die Zuschauer hinter uns sind schon ein bisschen genervt, weil: Inken macht so viel Wirbel und auch ich denke, dass ja wenigstens gleich Halbzeit ist, da hat man ein bisschen Ruhe, da fällt ein HSV-Spieler im St. Pauli-Strafraum um und der Schiedsrichter hat sich offensichtlich von dem „Eyyyy!"- Gekreische der Blondine auf der Südtribüne, in Block 34, Reihe 12, beeinflussen lassen und pfeift Elfmeter.

Nun muss ich Inken erst mal erklären, was Sache ist, von wegen Strafstoß und so und Inken will wissen, ob, wenn der reingeht, das dann auch ein richtiges Tor ist und es dann 1:0 steht und ich sage ja und ich erzähle, dass Harald Spörl den Elfmeter schießt und will gerade sagen, dass Lumpi dessen Spitzname ist, da ist der Ball drin und HSV führt 1:0 und Inken fällt mir um den Hals und jubelt: „Wie geil ist das denn?! 1:0!"

Inken beim HSV

In der Halbzeit sitzen wir in aller Ruhe nebeneinander und ich muss Inken alles erklären, was so passiert. Von den Linienrichtern bis zu der Anzeigetafel, den Fantransparenten und all dem Pipapo. Und ich will mich am liebsten auch noch entschuldigen, dass HSV heute so lahm spielt. Aber damit kann Inken gut leben: „Ist das nicht egal? Die Hauptsache ist doch, dass wir gewinnen, oder?"

Die zweite Halbzeit ist so langweilig, dass selbst Inken nicht mehr aufrecht sitzen kann. Das haut sie quasi vom Hocker, wie ich mal sagen würde und im Laufe der Zeit kuschelt sie sich immer eindeutiger an mich ran. Und ich freue mich, dass jetzt endlich die Kuschelschmusestunde anfängt. Ich denke noch so leise vor mich hin: „Acki, ab jetzt läuft's für dich!", da hören wir ein lautes Gebölke vom oberen Bereich der Südtribüne. Inken dreht sich um und strahlt über beide Backen: „Guck mal Acki! Die Hooligans sind wieder da!"

Und wie ich mich so umdrehe, da werde ich das Gefühl nicht los, dass ich ein paar von diesen Visagen schon einmal irgendwo gesehen hab, nur ich komm nicht drauf. Ein Sprichwort sagt ja, dass man schlafende Hunde nicht wecken soll. Was immer das heißt, hier scheint mir das ziemlich angebracht zu sein. In dem Moment, wo ich das denke, da kommen zwei von denen direkt zu uns beiden rüber. Und der eine, so eine derbe Kante von zwei Metern im Kubik, sagt zu mir: „Ey, Keule! Gehst du heute gar nicht mit auf die Zecken los? Nachher steigt noch was!"

Inken neben mir kriegt richtig Stielaugen und der eine Polizist von vor dem Spiel, der steht zwar zwanzig Meter von uns weg, aber der macht auch Stielaugen und dazu so einen langen Hals, als wollte er direkt mitlauschen, was die derbe Kante und ich so zu bekakeln haben und ganz bestimmt denkt er jetzt gerade: Was die wohl zu bekakeln haben? Die führen sicher nichts Gutes im Schilde! Und ich mach so ein bisschen „Äh ..." und „Hä?" und „Wie jetzt?" und murmel was vor mich hin, weil, was soll ich zu der derben Kante von Hooligan denn sagen?

Und wie ich da so rumstammel, da fällt mir auch das Freundschaftsspiel am Millerntor wieder ein. Offensichtlich bin ich in Hoolkreisen noch nicht ganz in Vergessenheit geraten. Und wie ich so sehe, wie der Polizist eine Kamera rausholt, da denke ich noch: Ein Glück, dass ich nicht noch mal verweigern muss, denn mein polizeiliches Führungszeugnis kann ich ja jetzt vergessen.

Der Dorfsheriff von Nordstrand hatte mir das ja sofort abgekauft, dass ich in echt „mit die Holligans", wie er damals zu sagen pflegte, eigentlich nichts am Hut habe. Aber in der Großstadt ist mit den Cops nicht zu spaßen. Da wird man gefilmt und bleibt auf ewig ein Fußballverbrecher. Auch wenn man, wie ich, nur mit der Freundin da ist, um ein bisschen rumzufummeln und mit Fußball gar nichts am Hut hat.

Die derbe Kante steht dann noch ein bisschen rum und Inken fragt ihn, was nachher noch so steigt. Er holt aus und posaunt mal so richtig schön ausführlich rum, was an Gemetzel auf dem Kiez noch passieren soll und ich höre überhaupt nicht zu, wäre ja noch schöner, wenn man dem ein Forum geben würde, da kommt, wird ja auch mal Zeit, sein Kollege und flüstert ihm was ins Ohr und beide nicken uns noch kurz an und weg sind sie. Und mit ihnen geht der ganze Mob aus dem Stadion raus.

Und wie die so verschwinden, da sage ich zu Inken: „Na, die gehen wohl gleich zur Reeperbahn, um Streit zu suchen." Und ich schüttel so ein bisschen mit grimmiger, verständnisloser Miene meine Rübe und Inken sagt: „Nein. Die gehen jetzt erst mal zum S-Bahnhof Stellingen. Da treffen die sich noch mit Hannover-Hooligans. Und dann geht's zum Kiez."

Ich drehe mich grad zu Inken rum, da ist das Spiel auch schon zu Ende. HSV gewinnt 1:0.

Wir treffen Paul hinter der Haupttribüne und während der gesamten Rückfahrt diskutiert Inken mit Paul. Er redet die ganze Zeit davon, dass die Stimmung bei St. Pauli viel besser gewesen sei und die Hools ja wohl scheiße seien und Inken erzählt von „diesem einen Hooligan, der war so nett" und so weiter und so fort.

Ich gucke aus dem Fenster und bin ein bisschen genervt, weil Inken mich ständig anstupst, von wegen „Du, sag doch auch mal was!"

Ich will nichts sagen. Nicht jetzt und nicht morgen und übermorgen auch nicht. Wenn ich jetzt nämlich wieder mit Fußball anfange, dann hab ich morgen sofort wieder Ärger am Hals. So lange ich mich darauf konzentriere, das nicht gut zu finden, ist das alles kein Problem. Schwierig wird das erst, wenn ich mich ein bisschen gehenlasse, dann geht die ganze Chose wieder von vorne los und Inken ist dann die Erste, die mir, wenn das bei mir wieder losgeht mit so richtig HSV und so, den Marsch bläst. Und dann ist sie weg mit irgendeinem Typen, der nur auf so eine Gelegenheit lauert. Scheiß auf Fußball.

Es war heute total kalt und Inken und ich haben uns einen richtig schönen Sonntag gemacht. Wir sind spazieren gewesen und haben gemütlich einen Kaffee getrunken und nun lassen wir uns eine Pizza kommen und machen uns das vor dem Fernseher gemütlich.

Wir haben noch einen Videofilm von gestern über und bevor ich den nachher noch wegbringe, gucken wir den doch jetzt am besten, denke ich. Man ist ja auch nicht Krösus und zu verschenken haben wir erst recht nichts, also, Alltag raus, Video rein, wie das so im Vorspann heißt und wir gucken ‚Before Sunrise', was eigentlich genau das Richtige für zwei Verliebte ist. So eine Schnulze mit Ethan Hawke und Julie Delpie, oder wie die heißt, ist ja eigentlich auch egal.

Wir gucken also den Film und der dreht sich drum, wie so zwei Verliebte durch Wien tapern und dabei die ganze Zeit quatschen.

Ich meine, die quatschen die ganze Zeit. Das muss man sich einmal vorstellen: In dem ganzen Film passiert nichts, bis auf, dass die beiden rumlabern. Und der Film ist so langweilig, wie ein Film nur sein kann und nach einer halben Stunde ist Inken im Hochbett, das ich habe, seitdem mir mein Nachbar gesagt hat, dass die Weiber darauf stehen und wer sagt es denn, Inken steht drauf, bzw. schläft drauf, jetzt gerade. Inken ist also eingeschlafen.

Ich setze mich nach unten, auf das Sofa, das ich erst letzte Woche vom Sperrmüll geholt habe und zappe ein wenig rum, weil, Video hin oder her, so ein Mist ist ja nun echt nicht auszuhalten.

Und wie ich so rumzappe, da bleibe ich auf Sat.1 hängen, weil nämlich: Da läuft HSV gegen Bayern. Ich denke, wie weit weg ich doch vom Fußball bin und wie wenig mich das eigentlich interessiert. Ich meine, das ist nichts zum stolz drauf sein, aber, es ist wie es ist. HSV liegt gegen Bayern München zurück und wie ich so gucke, da fällt mir auf, dass HSV eigentlich gar nicht so schlecht spielt. Chance um Chance hat der HSV und ein bisschen interessiert mich es dann ja doch, wie das ausgeht.

Es sind noch zehn Minuten zu spielen. HSV stürmt und die Stimmung im Volksparkstadion hört sich gut an. Barny und Maik sind bestimmt auch da. Ob die heute auch auf der Haupttribüne sitzen? Damit hatten wir ja immer ein Problem, wenn das Stadion ausverkauft war, denn es gab dann ja keinen Platz, auf dem wir ohne gültige Eintrittskarte hätten sitzen können. Zum Glück war und ist das Volksparkstadion eigentlich nie ausverkauft. Da haben Barny und Maik das wenigstens schön bequem. Zumindest, wenn nicht Bayern in Hamburg spielt.

Ich muss ein wenig schmunzeln, als von Lothar Matthäus die Rede ist. Ich frage mich, ob er noch mit seiner Schnalle Lolita zusammen ist, weil, die hat ihn ja richtig im Griff gehabt, und ich denke daran, wie wir vor ein paar Jahren in der Westkurve laut gesungen haben: „Ganz Hamburg lag schon auf ihr drauf – Lolita Matthäus!"

Das war lustig und bestimmt haben Barny und Maik das heute wieder gesungen, als Matthäus ausgewechselt worden ist und vielleicht hat Matthäus das ja auch gehört und sich ein bisschen geärgert. Hehehe ...

Wie ich so gerade „Hehehe" in mich hineinlache, da schießt André Breitenreiter in der 85. das 1:1 und ich kann nicht anders: Still reiße ich die Arm in die Luft. „Tor!", denke ich. Mir zittern ein bisschen die Knie und HSV stürmt weiter und Bayern kommt überhaupt nicht raus aus der eigenen Hälfte und Uwe Jähnig steht so um und bei fünfzehn Meter vor dem Tor, ich meine, Uwe Jähnig, wer ist das überhaupt, mag man meinen, und es ist die 89. Minute und Jähnig schießt und der Ball sitzt im Eck – 2:1!

Oben schläft Inken und ich springe auf und bin knapp davor, völlig auszuflippen. Ich will gerade „TOOOOR!" schreien, da beiße ich mir auf den Handballen, bis das wehtut. Ich gehe lieber auf Klo, wo ich ein bisschen leise vor mich hinjubeln kann. Ich hock mich auf die Knie und flüstere: „Ja, ja, ja!" Ich bin ganz flimmerig zuwege und gehe schnell zurück ins Wohnzimmer und da pfeift der Schiedsrichter das Spiel gerade ab und ich schalte den Fernseher aus.

Ich spule das ‚Before Sunrise'-Video zurück, gehe nach unten, die Videothek ist ja zum Glück gleich um die Ecke, und gebe den Film ab. Das war ja gut und schön mit HSV. Aber nun ist auch gut. Ich muss mich auf die wichtigen Dinge des Lebens konzentrieren.

Eigentlich wollen wir ja einen „gemütlichen Spieleabend" machen und ‚Siedler' spielen und ich freue mich direkt darauf: so schön gemütlich rumsitzen und ein bisschen die Figuren auf dem Spielbrett bewegen und ein paar Chips essen und schön früh zu Bett und vielleicht noch ein bisschen RTL Samstag Nacht im Fernsehen gucken und Gute Nacht-Küsschen und pieschen und waschen und zu Bett. Aber Inken hat, wie sie meint, Besseres vor: Sie hat mit unserem Spieleabend-Pärchen telefoniert und die haben sich alle was Tolles ausgedacht und nun fahren wir heute mit der Eisenbahn nach Hamburg, zum HSV.

Ich weiß nicht so richtig, was ich davon halten soll, wie wir so im Zug sitzen und ich die ganzen HSV-Fans mit ihren Plastiktüten voll Bier und Schnaps an uns vorbeilaufen sehe, während wir uns belegte Brötchen und Kaffee aus der Thermoskanne reindrücken und dabei Karten spielen. Unser befreundetes Spieleabend-Pärchen lächelt so ein bisschen mitleidig beim Anblick der Fußballproleten, die da mit ihren Plastiktüten voll Bier und Schnaps an uns vorbeilaufen und Inken und ich nicken wissend und ich denke mir nichts dabei, wie ich so sage: „Ja ja, es ist ein Kreuz mit diesen Fußballfans!"

Und dann stöhne oder vielmehr seufze ich ein bisschen, weil es ja ein Kreuz ist.

Wir vier sind so weit entfernt von richtigen Fußballfans wie nur irgendwas und das Mädchen von unserem befreundeten Spieleabend-Pärchen gießt noch Kaffee nach und Inken kramt in ihrer Tasche und hat für alle eine Überraschung dabei: „Ich hab noch für alle ein Überraschungs-Ei dabei!" Wir fummeln das Papier ab und bauen die Figuren zusammen, da kommen wir in Hamburg an. „Och schade", sagt der Junge von unserem befreundeten Spieleabend-Pärchen, „ich bin hier gerade so schön am Bauen".

Trotzdem machen wir vier uns widerwillig auf den Weg zum Stadion und in der S-Bahn machen wir lange Gesichter, weil wir stehen müssen und dabei hat der Junge von unserem befreundeten Spieleabend-Pärchen vorher noch gesagt, dass er jetzt in der S-Bahn seine Figur aus dem Überraschungs-Ei zusammenbauen wolle und dann könne das auch irgendwann mal losgehen mit Fußball.

Aber an so was ist gar nicht zu denken, weil alle nur am Schubsen und Drängeln sind und die ersten Sprüche an unsere beiden Mädchen gehen auch schon auf die Reise: „Ey, Blondie!" Und, wie zufällig, stimmen drei fettleibige HSV-Kutten die ewige Hymne aller HSV-Fans an und der ganze Waggon, auch die anwesenden Frauen, bis auf Inken und das Mädchen vom befreundeten Spieleabend-Pärchen, stimmen in die Bommerlundermelodie ein:

„Eine kleine Nymphomanin FIECKEN, eine kleine geile Sau, SAU, das ist alles was wir brauchen: Fiecken, Saufen, HSV!"

Inken und das Mädchen vom befreundeten Spieleabend-Pärchen gucken ein bisschen verstört und der Junge vom befreundeten Spieleabend-Pärchen und ich machen empörte Gesichter und schütteln die Köpfe, gucken dabei aber nach draußen, damit die Typen, die das mit der Nymphomanin singen, uns nicht sehen. Wir wollen schließlich keinen Ärger riskieren.

Das Wetter ist so wunderbar und nicht nur darum beschließen wir, von der S-Bahn-Station Stellingen nicht mit dem Bus-Shuttle zum Volksparkstadion zu fahren, sondern zu laufen. Ich denke mir, dass das vielleicht netter ist, als im Bus schon wieder das Lied mit der Nymphomanin zu hören.

Kaum sind wir also losmarschiert und das Mädchen vom befreundeten Spieleabend-Pärchen und Inken haben sich die Schuhe ausgezogen und laufen mit ihren geflochtenen Körben nun barfuß Richtung Stadion, fast so, als würden wir zu einem Folkfestival gehen, kommen die drei HSV-Kutten aus der S-Bahn, voll wie die Schweine, aus dem Gebüsch gekrochen. Sie haben gerade „schön gepisst", wie einer von ihnen zu Protokoll gibt, und nun kann das ja auch wieder losgehen: „Eine kleine

Nymphomanin FIECKEN, eine kleine geile Sau, SAU, das ist alles, was wir brauchen, Fiecken, Saufen, HSV!"

Wie ich schon gesagt hab: Es ist ein Kreuz mit diesen Fußballfans.

Am Stadion kaufen wir uns für ein paar Mark jeder eine Stehplatzkarte für die Westkurve, aber – na klaro – nicht für Block E oder F, wo wahrscheinlich genau die stehen, die gerade zweimal so nett für uns gesungen haben, sondern in Block A, da, wo die zivilisierten Fußball-Fans stehen. Und gleich auch wir.

Und wir setzen uns schön gemütlich hin, weil, es ist nicht besonders voll und so ein bisschen hoffe ich, dass mich nicht Barny und Maik von der benachbarten Haupttribüne, wo die bestimmt wieder für lau sitzen, aus sehen und mich auslachen. Das Spiel reißt auch nicht so mit, dass man ausflippen könnte. Der Junge vom befreundeten Spieleabend-Pärchen und ich und Inken und das Mädchen vom befreundeten Spieleabend-Pärchen unterhalten uns nebenbei ein bisschen und dann ist Pause.

Und jetzt wird das ganz komisch, denn jetzt holt Inken aus ihrem Korb drei Jonglierbälle, mit denen sie ein bisschen herumjongliert. Und die Kinder, die bei uns in der Nähe stehen, die kommen zu uns und gucken sich das an und Inken zeigt denen, was ja die alte Erzieherinnenschule ist, ein paar Tricks, bis das Spiel wieder losgeht und da nehme ich mir die Bälle und will auch ein bisschen herumjonglieren, weil, schließlich bin ich ja auch fast Erzieher und kann Inken das Feld nicht ganz alleine überlassen, bis ein älterer Herr von hinten ruft:

„Ey, du Clown, pack deinen Jonglierscheiß wech, hier läuft Fußball!"

Und er schickt noch hinterher, damit ich mir das auch ja hinter die Ohren schreibe: „Du Döösbaddel!" Was sind Fußballfans bloß intolerant!

Das Spiel plätschert so dahin und kurz vor Schluss schießt HSV, als sogar Torwart Richard Golz mit in den Strafraum von Bochum reingeht und Inken sagt: „Jetzt wird das ja noch richtig lustig!", noch das 2:2. Das Mädchen vom befreundeten Spieleabend-Pärchen sagt, dass sie findet, dass Richard Golz irgendwie ein „voll cooler Torwart" sei, „wie der so mit nach vorne gegangen ist und so", da schreit sie von hinten ein zirka zwei Meter großer HSV-Schrank an: „Halt die Schnauze mit Golz, der Zecke! Der hat doch St. Pauli das 2:2 aufgelegt, mit Absicht, ihr Ärsche! Mit Absicht!"

Das Mädchen vom befreundeten Spieleabend-Pärchen fängt vor Schreck ein bisschen an zu weinen und ich nehme sie in den Arm, als Trost, weil, ich hab davon in der Zeitung gelesen, dass HSV gegen St. Pauli letzte Woche schon mit 2:1 geführt hat und in der letzten Minute macht Golz einen Abschlag und der geht genau in den Fuß von so einem St. Pauli-Spieler und dann fällt auch gleich das 2:2 und Abpfiff und darum sind hier jetzt wohl alle wütend.

Ich will dem HSV-Schrank gerade sagen, dass man sich wegen so was ja wohl nicht so echauffieren muss und „woher kann sie denn das bitte riechen, hä?" Aber ich sage nichts. Das Spiel ist sowieso aus. Wir klatschen.

Und wir gehen aus dem Stadion raus, laufen zur S-Bahn, steigen in den Zug nach Husum und wie wir in Husum aussteigen, da überlegt Inken noch, ob wir noch eine Runde spielen wollen, aber wir anderen finden, dass man das ja auch nicht übertreiben sollte, weil, „ist ja auch schon 21 Uhr."

Das befreundete Spieleabend-Pärchen verabschiedet sich und das Mädchen fragt noch nach, wie das Spiel „jetzt noch mal ausgegangen ist" und ich sage „Ich glaube, 2:2", und dann gehen die zu ihrem Auto und wir machen uns auf den Weg nach Hause. „Ich finde, wir können uns gut noch ein Video holen", sagt Inken und ich sage Inken, dass sie ja das Bett schon mal vorwärmen kann.

Nachdem HSV schon letzte Saison erst am vorletzten Spieltag den Abstieg verhindert hat, stecken die jetzt schon wieder bis zum Hals in der Scheiße. Hat mir mein Bäcker in Flensburg erzählt. Hier wohnen wir ja jetzt schon seit zwei Monaten, weil ich ja jetzt, nachdem meine Ausbildung zum Erzieher fertig ist, studiere.

Erwachsen werden gut und schön, aber jetzt schon so richtig ins Arbeitsleben einsteigen? Das hat ja wohl noch etwas Zeit!

Ich habe nicht viel Lust, mit meiner Schwester Ute und ihrem neuen Freund Tim nach Hamburg, zum Fußball zu fahren. Genau das hat Ute nämlich vorgeschlagen.

„Tim ist großer Fußballfan, das passt doch wunderbar, Acki!"

Ich denke zwar, „was habe ich mit Fußball noch groß zu kriegen?", aber so oft sehe ich Ute ja nun auch nicht und so ein bisschen ist das dann eben mein Weihnachtsgeschenk, mich ein bisschen um Ute und Tim zu kümmern, also O.K., „Lass uns da man hinfahren."

Schwester Ute

Wir fahren mit der Bahn und gehen ganz routiniert an die Sache ran. Tim und Ute erzählen von Wien, wo sie beide wohnen und Tim erzählt ein bisschen von Rapid und Austria, und wie die Fans sich so vertragen, und Ute erzählt von HSV und St. Pauli und dass ich ja ein ganz großer St. Pauli-Hasser bin.

Ich sage so ein bisschen „Na ja, so drastisch kann man das ja nun auch wieder nicht sehen." Und ich übertreibe nicht, weil, ich bin echt so ein bisschen weg aus dieser St. Pauli- und HSV-Geschichte. Ich meine, ich bin jetzt Student. Da muss man sich mit vielen wichtigeren Dingen beschäftigen und kann so ein Kindergarten-Gehampel, wer nun doofer ist und wer cooler, echt nicht mehr verstehen. Haben die Leute nicht Besseres zu tun? Und Tim gibt mir Recht, weil, er sagt: „In Österreich ist das auch nicht so wild mit der Rivalität."

Es ist kalt und neblig und nieselig heute und ich könnte mir wirklich Besseres vorstellen, als heute nach Hamburg zu fahren. Aber was tut man nicht alles für die Familie. Ich versuche von vornherein, die Erwartungen so niedrig wie möglich zu halten: „Die verlieren heute sowieso wieder."

Aber Ute lässt sich davon nicht beeindrucken: „Quatsch! HSV verliert doch nicht gegen Rostock!"

Meine Schwester Ute! Die lebt natürlich noch voll in der Vergangenheit, wo HSV alles gewonnen hat und ich immer geheult hab, wenn das dann doch mal nicht der Fall war. Und ich erzähle Tim, wie das gewesen ist, früher: Wie ich am Samstag die ganze Familie mit meiner Fickerigkeit angesteckt hab, weil, es durfte mich ja keiner stören, wenn HSV im Radio lief und ja keiner durfte den HSV-Schlumpf berühren, zumindest nicht ohne meine Erlaubnis. So war also quasi die ganze Familie davon abhängig, wie HSV gespielt hat. Und ob nun Mama, Papa oder Ute – dadurch, dass ich HSV-Fan war, waren alle anderen – na klaro – auch HSV-Fan. Was blieb ihnen auch anderes übrig? Und sonntags musste Ute mich immer abfragen, welcher HSV-Spieler welche Note in der Bild am Sonntag bekommen hat:

„Stein?"

„1!"

„Nee."

„2?"

„Nee."

„Der hat doch keine 3 gekriegt!"

„Doch. Hat er."

„Zeig mal!"

Das konnte natürlich nicht angehen, dass die BamS den HSV mal wieder so dermaßen benachteiligt. Ich konnte das einfach nicht fassen: „Warum geben die Stein bloß eine 3?" Und so ging das mit jedem Spieler. Und so ging das jeden Sonntag. Und so erzähle ich das Tim und der muss natürlich ziemlich grinsen, weil: eigentlich ist das ja ziemlich bescheuert.

Ute glaubt also, dass HSV gewinnt, hat aber auch schon davon gehört, dass HSV nicht so richtig super ist, seit sagen wir mal zehn Jahren. In Wien kriegt man aber nicht alles so mit und manche Dinge verklären sich ja auch, also muss ich Ute mal erzählen, wie so die letzten HSV-Jahre gelaufen sind, zumindest die Jahre, von denen ich noch etwas mitbekommen hab, weil, „seit einigen Jahren geht ja Inken klar vor!"

Und ich will gerade mal was vom Studium erzählen, da fragt Ute nach: „Wie, Inken geht vor? Bist du bescheuert?"

Und ich so: „Hä?"

Und sie so: „Du willst mir allen Ernstes sagen, dass du dich nicht mehr so für HSV interessierst?"

„Genau!"

„Und ich erzähle allen in Wien, dass mein kleiner Bruder der allerallergrößte HSV-Fan ist und HSV voll cool ist, weil, mein kleiner Bruder ist ja Fan von denen?"

„Das erzählst du?"

Und sie: „Ja, das erzähle ich."

Und ich so: „Aber vielleicht habe ich mich ja in den letzten Jahren weiterentwickelt."

„Wo hast du dich weiterentwickelt?"

„Na ja. Ich kümmere mich halt mehr um die Beziehung und nicht mehr so um Fußball."

In dem Moment beschließt Tim, „mal durch den Zug zu laufen". Tim geht weg und Ute redet weiter: „Aber du bist doch Fußball! Du bist doch HSV! Du willst mir doch nicht erzählen, dass du dich wirklich nicht mehr dafür interessierst, dass der HSV irgendwo am Tabellenende rumkrebst!“

„Nun ja, natürlich finde ich das besser, wenn die gewinnen.“

„Und was sagt Mama dazu?“

„Wozu?“

„Na, dass du dich so toll weiterentwickelt hast.“

„Das weiß ich doch nicht.“

„Das glaube ich dir.“

„Wieso ‚das glaube ich dir‘?“

„Na, weil ich mit Mama gesprochen hab und sie mir erzählt hat, dass sie sich Sorgen um dich macht, weil du dich gar nicht mehr meldest und so völlig anders bist, überhaupt nicht mehr wie früher.“

„Und wie war ich bitte so, früher?“

„Du hattest Freunde, du hattest Spaß, du warst traurig, wenn HSV verloren hat und du hast dich bei Mama ausgeheult und, keine Ahnung, du warst einfach anders, du warst eben du.“

„Ich hab immer noch Freunde.“

„Wen denn?“

„Na, Barny und Maik.“

„Und wann hast du zuletzt mit denen was gemacht?“

„Äh, erst letztens.“

„Vor ein paar Monaten.“

„Kann sein.“

„Acki, denk doch mal nach!“

„Was spielst du dich überhaupt so auf?“

„Ich spiel mich überhaupt nicht auf. Ich finde nur, dass du dich nicht für Inken zu verstellen brauchst. Wenn sie dich liebt, liebt sie dich auch so, wie du wirklich bist!“

„Und, wie bin ich wirklich, du olle Meckerziege?“

„Du bist ein Kindskopf, der HSV-Fan ist und ständig Quatsch vorhat und der viele Freunde hat, die ihn genau so gerne mögen!“

Und in dem Moment kommt Tim wieder und lenkt mit „gleich sind wir da" die Sache hier in geordnete Bahnen.

Wir ziehen uns die Jacken an und ich strecke Ute heimlich die Zunge raus, aber das hat sie gesehen und streckt mir auch die Zunge raus und schickt noch altklug hinterher: „Denk mal drüber nach!"

Schwester Ute

Wir steigen aus.

Wir stehen in der Westkurve, im Block C. Und wir müssen mit angucken, wie HSV vor ein paar Zuschauern, die meisten von denen auch noch aus Rostock, mit 0:1 in Rückstand gerät.

Und ich drehe mich zu Ute um und die schüttelt mit dem Kopf.

„Das kann doch gar nicht sein! HSV kann doch nicht gegen Rostock verlieren! Das geht doch gar nicht!"

Und ich finde das so verdammt merkwürdig, dass ich seit Jahren das erste Mal mit meiner Schwester Ute rumhänge und die macht hier so auf Moralapostel und tut hier so, als ob sie so groß mit HSV leidet.

„Du willst mir doch nicht erzählen, dass du hier mit HSV mit leidest, oder?"

„Ich leide mit HSV mit? Ich leide mit dir, du Arsch! Ich leide, weil ich daran denke, wie du immer wegen HSV rumgequakt hast, wie du immer nur HSV im Kopf gehabt hast, wie du immer nur nach Hamburg wolltest, wenn wir mal einen Familienausflug machen wollten, wie du immer in den Sommerferien nicht wegfahren wolltest, weil du ja ein HSV-Freundschaftsspiel-Ergebnis hättest verpassen können, wie du dein gesamtes Geld erst für diese Fußballbilder und später für die Fahrten zum HSV verschleudert hast. Ich leide, weil HSV irgendwie zur Familie gehört und ich habe verdammt wenig von der Familie, seitdem ich in Wien lebe und Papa und Mama geschieden sind und du in Flensburg bist und wenn ich mich nicht mal mehr darauf verlassen kann, dass ich, wenn ich HSV sehe, irgendwie auch dich sehe, dann stimmt doch hier irgendwas nicht!"

Der Schiedsrichter pfeift das Spiel ab. HSV verliert 0:1 und die Zuschauer pfeifen nicht mal so richtig laut. Nur Ute, die krakeelt immer noch, als wenn sie bis morgen Zeit hätte, hier so zu stehen und mir gehörig die Leviten zu lesen. Mir bleibt nichts anderes übrig, wir reden über HSV, über Mama und Papa und über Wien und über mich und über Ute und das ist hier alles so verdammt merkwürdig, dass ich gar nicht weiß, ob ich in den letzten Jahren irgendwas richtig gemacht hab.

Blöde Ute. Kommt hier an und meckert den ganzen Tag rum und erzählt einen vom Pferd.

Tim lehnt in der Zwischenzeit am Wellenbrecher und guckt sich traurige Fans an, wie die so an Wellenbrechern stehen.

Wir verlassen Block C und als wir die Treppen ganz oben verlassen, da drehe ich mich um und ich guck auf den Rasen und die leeren Tribünen und ich hab das Gefühl, dass HSV absteigt. Auf der Rückfahrt reden wir nur das Nötigste. Tim ist so halb am Pennen.

Ute und ich bereden, was Papa zu Weihnachten bekommt und was Mama zu Weihnachten bekommt und wie wir das machen, zu Weihnachten. Wo sind wir an Heiligabend und wo am ersten Weihnachtstag, wann bei Mama, wann bei Papa?

In Husum steigen wir aus.

Ute und Tim fahren nach Nordstrand, ich steige in den Zug nach Flensburg und ärgere mich, dass ich bestimmt wieder nur aus dem Fenster gucke und über den Kram, den meine Schwester erzählt hat, nachdenken muss.

Warum muss das bloß immer alles so anstrengend und kompliziert sein? Kaum denkt man, man macht mal was richtig, dann ist das auch schon wieder falsch und man soll das alles wieder über den Haufen schmeißen und wieder alles anders machen. Erkläre mir einer das Leben!

Als ich endlich zu Hause bin, geht mein erster Gang nicht zu Inken, um Bussi Bussi zu machen. Ich setze mich vor den Fernseher und schalte aufs Erste und mache Videotext an, auf Seite 253. Ich will doch mal sehen, wie die Tabelle der Fußball-Bundesliga aussieht. HSV ist 16., punktgleich mit dem Letzten. Das ist Köln. Und die haben nur ein paar kümmerliche Tore weniger als HSV. Ich glotze diese Seite bestimmt zehn Minuten an und ich frage mich, was das für eine Welt ist, in der am 20. Spieltag der MSV Duisburg neun, Hansa Rostock zehn und der 1. FC Kaiserslautern (der 1. FC K-A-I-S-E-R-S-L-A-U-T-E-R-N!) fünfzehn (F-Ü-N-F-Z-E-H-N!) Tabellenplätze vor dem Hamburger Sport-Verein stehen. Was ist nur geschehen in den letzten Jahren? Was ist aus mir geworden?

Ich gehe in den Keller, krame in meiner Kicker-Sonderhefte-Sammlung herum und nehme mir ein paar Hefte aus den 80er Jahren mit ins Bett. Wird Zeit, dass ich vernünftig werde!

Kapitel Vier

H**SV spielt heute gegen Hertha** und nach der Niederlage in München, wo HSV mit 0:3 weggeklatscht worden ist, steht HSV auf dem letzten Platz und ich rufe bei Barny an.

Seine Mutter geht ran. „Hallo Acki! Von dir hab ich ja ewig nichts mehr gehört!"

Und da hat sie ja Recht, aber nun kann sie mir auch mal sagen, ob Barny da ist.

„Barny ist nicht da, du. Der wohnt nicht mehr hier. Der ist nach Hamburg gezogen!"

Dieser Scheißtyp. Erst einfach wegziehen und dann auch noch nach Hamburg ziehen und damit genau das machen, was ich immer machen will, seitdem ich klein mit Hut bin.

Und, was noch viel schlimmer ist: Wie komme ich nun bitte nach Hamburg? Ich werde wohl mal Maik anrufen.

Maik geht selber ans Telefon. Er wohnt noch immer in Husum, wenigstens auf ihn ist Verlass. Er klingt nicht so begeistert, als er meine Stimme hört, aber immerhin lässt er sich nicht lange bitten. „Klaro fahre ich zum HSV. Ich fahre immer zum HSV."

Wie war das jetzt gemeint, dieser Zusatz „Ich fahre immer zum HSV!"? Ich habe ihn gar nicht gefragt, ob er immer zum HSV fährt, sondern ich habe ihn gefragt, ob er heute zum HSV fährt. Pah! Aber einer geschenkten Kuh schaut man ja nicht ins Maul, also machen wir schnell ab, wann und wo wir uns treffen und dann lege ich auf und überlege nur noch, was ich zu Inken sagen soll. Die sitzt nämlich in der Küche und frühstückt gerade.

Die letzten Tage hat es mich gepackt wie nichts Gutes. Aber Inken hab ich davon noch nichts gesagt, dass ich zum HSV muss, weil davon alles abhängt. Nicht nur mein Wohlergehen, sondern auch das Wohlergehen von HSV! Also gehe ich in die Küche rein und setzte mich mal hin und dann wollen wir doch mal sehen, dass wir uns der Sache annähern:

„Du, Inken?"

„Ja, Acki?"

„Heute spielt HSV."

„Och, HSV!"

„Ja."

„Ich hab aber was anderes vor."

„Was denn?"

„Ich bin mit Tanja zum Kaffeetrinken verabredet."

„Na ja. Ich fahr mit Maik nach Hamburg, zum Fußball."

„Prima."

„Na ja, da fahre ich eben mal wieder hin. Ist ja auch schon länger her, dass ich mal da war."

„Ja, stimmt."

„Na ja, und da hab ich mir gedacht, da kann ich ja mal wieder hinfahren."

„Mit Maik."

„Richtig, mit Maik."

„Und wann bist du wieder zu Hause?"

„So um acht, oder so."

„O.K., dann können wir ja vielleicht heute Abend noch was essen gehen, wenn du wieder da bist."

„Ja, das können wir machen."

„O.K., grüß Maik schön von mir."

„O.K., mach ich."

Da bin ich aber verdutzt, wie einfach das geht.

Ich bereite mir eine grundanständige Käsestulle zu. Ich kaufe mir vier Dosen Bier. Die Zeit des Rumtrödelns und Zeitverplemperns ist vorbei. Ich fahre wieder zum HSV.

Natürlich ist das Leben ein bisschen anstrengender, seitdem ich wieder so ein richtiger Fußballfan bin. Ich muss mich jetzt nämlich noch mehr um Inken kümmern, damit die nicht beleidigt ist, wenn ich am Samstag immer zum HSV fahre.

Wir gehen also alle Nase lang Eis essen, Kaffee trinken, ins Kino, in die Disco, Shoppen und machen all den Quatsch, den Mädchen gerne machen, damit ich das machen kann, was Jungs gerne machen und ich finde mich ziemlich gut, wie ich so morgens, wenn Inken zur Arbeit muss, Frühstück mache. Und ich finde das auch gut, dass ich mich, wenn Inken dann losgefahren ist, wieder zu Bett legen kann. Aber ich bin ja Student und dann kann man das für seine Freundin ja auch mal machen, früh um 9 Uhr morgens aufstehen, meine ich.

Seitdem ich wieder dabei bin, verliert HSV kein Spiel mehr und trotzdem ist das alles knapp wie Sau, da hinten in der Tabelle. Aber wenn HSV heute gegen Werder gewinnt, dann kann HSV vielleicht endlich mal ein bisschen durchatmen im Abstiegskampf. Weil HSV letzte Woche in Karlsruhe durch ein Tor von Andrej Panadic gewonnen hat, haben die jetzt einen Punkt Vorsprung vor einem Abstiegsplatz und sind schon Tabellenvierzehnter. Immerhin!

Und Maik und ich fahren, fast sage ich ‚wie ja eigentlich immer', da zusammen hin und wir haben uns mit Barny in der Westkurve verabredet. Der hat sicher ganz schön aus der Wäsche geguckt, als ich bei ihm angerufen hab, von wegen: „Ich bin wieder da!" und gleich hat er gesagt: „Das glaub ich erst, wenn du besoffen vor mir stehst!"

Also trink ich auf der Fahrt ordentlich Dosenbier und wir hören Oasis rauf und runter und es ist ein bisschen so wie früher, wenn wir zum HSV gefahren sind. Außer halt, dass wir jetzt Oasis statt Motörhead hören und Barny schon in Hamburg auf uns wartet.

Vor dem Stadion betrinken wir uns ein bisschen, zumindest Barny und ich, weil, Maik muss ja fahren, und im Stadion singen wir Quatschlieder und wir wechseln ständig unsere Stehplätze. Die erste Halbzeit schauen wir in Block A, in der Westkurve. Aber die geht voll in die Hose und Werder Bremen führt tatsächlich mit 1:0. Und wieder ist es da, das Zittern. Uns schlottern regelrecht die Knie, wie wir so in der Pause durchrechnen, auf welchem Platz HSV steht, wenn HSV heute verliert. Uiuiui.

Neben uns in Block F, in dem wir die zweite Halbzeit sehen, da wird schon gemeckert, dass Tony Yeboah endlich ausgewechselt gehört. „Warum wechselt der Dicke nicht endlich aus?"

‚Der Dicke', das ist Pagelsdorf. Der ist HSV-Trainer und dick. Und eigentlich wird der wirklich immer dicker. Und je schlechter es um HSV steht, umso dicker wird er. Ich möchte nicht wissen, wie das ausgeht, wenn HSV absteigt. Absteigt! Ich schüttel mich. Es sind nur noch ein paar Minuten zu spielen und Resignation macht sich breit. Gerade gegen Werder verlieren und dann absteigen. Oh No!

Barny ist am Fluchen, fast so doll wie mein Papa: „Scheiße, hier!"

Und plötzlich steht HSV-Stürmer Jacek Dembinski frei und schießt und Barny nun wieder: „Geh rein, da!" Und das ist das 1:1 und „Jaaaaaaa!"

So schnell kann das gehen, denke ich und denke aber auch gleich, dass ein Punkt ja überhaupt gar nicht reicht und denke gleich wieder, dass das alles Scheiße im Quadrat ist. Und gerade will der hinter uns wieder anfangen zu meckern, zum Beispiel über Yeboah, zum Beispiel, dass Yeboah ja mindestens achtzig Jahre alt sei und einen Krückstock braucht und seine Großmutter ja torgefährlicher und ja sowieso weit jünger ist und wir sind in der 90. Minute und Anthony Yeboah ist wirklich alt wie Sau, aber das interessiert gleich keinen mehr, weil, Anthony Yeboah, der alte Mann, der feuert einen Schuss auf das Bremer Tor und der ist drin und das steht 2:1 und dann pfeift der Schiedsrichter auch gleich ab. Und wir alle, wirklich alle, flippen komplett aus und springen ineinander wie bei einem Punkrockkonzert, wo das immer so lustig aussieht, wie die Leute so Füße zuerst in die Gesichter von den anderen Leuten reinspringen.

Wir sind also quasi alle wie so ein Knäuel und ineinander verknotet, da fängt Barny, der jetzt auf mir liegt, an zu singen: „Anthony Yeboah fährt im Hühnestall Motorrad, Motorrad, Motorrad! Anthony Yeboah fährt im Hühnerstall Motorrad! Anthony Yeboah ist ne ganz patente Frau!" Maik und ich singen mit und wir sind alle so glücklich, dass wir gar nicht mehr aus dem Stadion rausgehen wollen.

Barny, Acki und Maik fahren immer zum HSV

Es ist Freitagabend, kurz vor 22 Uhr und ich setze mich auf die Stufen der Westkurve im Hamburger Volksparkstadion. Und ich weine ein bisschen. Weil ich so kaputt bin. Und weil ich finde, dass es für mich keinen superen Platz gibt als die Westkurve im Hamburger Volksparkstadion. So sieht das aus und so muss das jetzt aber auch mal bleiben, bis ich alt und grau bin.

Und Maik und Barny setzen sich zu mir und wir sitzen alle drei bestimmt zehn Minuten so und reden gar nichts. Wir sind einfach Freunde, die nebeneinander sitzen und gar nichts reden und das schockt total!

Vielleicht sollte ich das auch noch mal Inken verklickern, damit die das dann auch bald mal weiß und sich nicht wundert.

Nur frag ich mich ein bisschen, wie ich das ein Leben lang durchhalten soll, dieses neben dem HSV-Kram Sich-so-doll-um-Inken-kümmern mit dem ganzen Eis essen, Kaffee trinken und ins Kino gehen und Frühstück machen und so.

Ich meine, irgendwann bin ich mal kein Student mehr.

Am nächsten Tag wach ich auf und Inken hat Frühstück gemacht. Sie hat Brötchen geholt und den Tisch gedeckt und es gibt Rühreí mit Speck, was ich liebe, wenn ich am Abend vorher ein paar Bier zu viel getrunken hab und, oh ja, ich habe gestern Bier getrunken! Und außerdem hat sie die Zeitung gekauft und wie sie so ins Schlafzimmer reinkommt und leise „Guten Morgen!" flüstert, da denke ich erst mal: Oh No! Was jetzt? Fahrradtour? Spaziergang? Elternbesuch? Denn so ist das ja meistens: Nichts ist umsonst und für jeden Gefallen muss man auch selber einen Gefallen machen.

Aber wie sie von Frühstück redet und „Wochenende!" und so schmusig ist, da finde ich einfach alles super: Das Leben, die Liebe und Fußball auch.

„Du Inken, HSV hat gewonnen!"

Und Inken sagt: „Ich weiß. Hab ich gestern Abend im Fernsehen gesehen und ich hab gedacht, schade, dass ich nicht mit war."

Und ich glaube, ich habe tatsächlich ein Problem: Womit hab ich so eine super Freundin verdient? Und, viel schlimmer: Wie krieg ich das hin, dass Inken jetzt nicht immer mit will?

H**eute spielt Dortmund gegen HSV.** Und ich fahre mit Maik zum Auswärtsspiel, weil, so verrückt ist Inken dann doch nicht, dass die gleich mit Auswärtsspielen startet und eieiei, was wird das bloß für einen Spaß geben, wenn Maik und ich erst mal im Zug sitzen und Richtung Ruhrpott donnern!

Barny kann leider nicht mit, weil: „Ich hab 'ne Mieze und die macht vielleicht einen Terz, sag ich euch! Da muss ich auch mal ein Spiel pausieren."

Ich hab lange genug pausiert und Maik hat eine Palette Holsten dabei und ich habe eine Palette Paderborner dabei, weil, das ganze Geshoppe und so mit Inken geht doch ins Geld, da heißt es sparen, und wir schleppen uns fast einen Wolf mit den Paletten und sind froh, als wir in den Zug einsteigen und noch ein schön kommodiges Abteil für uns zwei finden.

In dem Abteil, das wir uns ausgesucht haben, sitzt ein Pärchen mit Brillen wie aus Flaschenböden und da denke ich doch gleich, dass die beiden Brillenschlangen genau die richtigen Opfer für uns zwei Fußballterroristen sind.

Maik denkt das offensichtlich auch und reißt die Tür mit einem gehörigen Schwung auf und ruft rein: „Hier noch jemand zugestiegen?"

Die beiden Brillenschlangen gucken ein bisschen irritiert aus den Rabatten, wie wir so reinmarschieren. „Hallo mit o!", sage ich jetzt einfach mal so und bin selber ein bisschen irritiert, weil, er da mit der Brille, der sagt, gar nicht mal so unlocker: „Hallöle!"

Ein bisschen finde ich das ja auch wieder doof, weil, das heißt natürlich auf der anderen Seite, dass wir beide nicht so richtig wie Fußballterroristen aussehen.

Wir trinken schnell unser erstes Bier und, gut erzogen, wie wir als Fußballterroristen sind, bieten wir den beiden Glasbaustein-Trägern – na klaro – auch eine Pilsette mit an und während die Uschi dankend ablehnt, meint der Horst: „Da sag ich nicht nein!" Ich ermutige ihn noch, indem ich ihm sage: „Ja ja, so ist's recht. Greif ruhig beherzt zu!" Und so fahren wir Richtung Ruhrgebiet und wir zwei erzählen schön alte Kamellen, die wir mal von anderen HSV-Fans aufgeschnappt haben, die aber heute alle uns passiert sind und entsprechend super kommen wir uns vor.

Wir erzählen, wie wir mal in Dänemark, bei einem HSV-Spiel bei McDonald's die Hamburger- und Pommes-Produktion persönlich in die Hand genommen haben, bis irgendwann „die Cops“ gekommen sind und wir uns dann mit denen eine wilde Hamburger- und Bratwurstschlacht geliefert haben, bis die Hamburger und Bratwürste alle waren und so. Und wir klatschen uns mit den Händen auf die Schenkel, bis die neunmalschlaue Brille uns fragt, ob es bei McDonald's überhaupt Bratwürste gibt.

Und Maik und ich gucken uns an und ein Glück, dass Maik so klug ist. Er versichert nämlich gleich, dass das in Dänemark mit McDonald's „ganz anders“ läuft als hier bei uns. „Da gibt das fast nur Bratwürste! Die roten Pölser und lange Schinkenknakker und Thüringer und Kopenhagener und so.“ Und überhaupt: „Jemand noch ein Bier?“

Der Typ sagt nicht nein. „Och ja, eins nehm ich noch.“

Und seine Freundin guckt schon ein bisschen genervt durch ihre Flaschenböden.

Frauen und Fußball, hier haben wir es wieder! Was würde ich ausflippen, wenn Inken hier jetzt neben mir sitzen und bei jedem Bier rumnerven würde so mit ihrem typischen Augenrollen!

Wobei ich finde, dass sie eigentlich nie genervt guckt, wenn ich Bier trinke. Aber das ist hier ja auch nicht das Thema und wie auch immer: Fußball ohne Frauen ist einfach besser. Punkt, Aus, Ende der Diskussion.

Ein paar Stunden später kommen wir in Dortmund an und wie wir so aussteigen, da ist unser neuer Freund schon lange eingeschlafen und schnarcht sich grundanständig einen zurecht, während seine Freundin uns wenig freudestrahlend verabschiedet: „Vielen Dank, Jungs! Vielen Dank!“

Inken hätte nicht so rumgemeckert, sondern hätte mir wahrscheinlich, wie sie das ja schon mal gemacht hat, nach dem Aufwachen grundanständig Rührei mit Speck in die Pfanne gehauen, statt hier rumzuzetern.

Und ich denke ein bisschen sehnsüchtig an Inken, weil, das mit dem Rührei, das werde ich ihr nicht vergessen, das nicht! Diese kleine Schnuckiputzfrau!

Jetzt gerade aber gucken wir ein bisschen betroffen, zumindest bemühen wir uns, weil, der Typ hier aus unserem Abteil, der hat uns ja eigentlich gleich am Anfang, als die olle Schreckschrulle mal auf Klo war, erzählt, dass er zum allerersten Mal zu ihr nach Hause fährt und den strengen Eltern vorgestellt werden soll. Na, immerhin hat er bis Köln noch eine halbe Stunde zum Ausnüchtern, und wir gehen jetzt auch mal lieber, bevor er wieder aufwacht und noch ein Bier haben will.

Am Bahnhof machen wir gleich weiter mit dem ganzen Biergetrinke, aber nicht, bevor wir nicht unsere Paletten, als Reserve für die Rückfahrt, in einem Schließfach verstaut haben. Und, wer sagt das denn, wir singen die Titelmelodie von ‚Rauchende Colts', dieser Westernserie, die wir viel zu selten in den letzten Jahren geguckt haben, und bald danach fahren wir zum Stadion hin, wo so viele HSV-Fans sind, dass man die kaum zählen kann.

Und wir alle feiern wie die Bekloppten, weil, schon nach ein paar Sekunden führt HSV durch ein Salihamidzic-Tor mit 1:0 und damit hat HSV den Abstieg verhindert und so ein bisschen liegt das ja nun auch, da beißt die Maus sich keinen Faden ab, an mir und dass ich jetzt wieder richtiger HSV-Fan bin und immer hinfahre zu HSV.

HSV steigt also nicht ab und was fast noch superer ist: Köln verliert und als neunzig Minuten rum sind, da brüllt uns von hinten einer in die Ohren rein: „Wir sind das Urgestein!", weil: HSV ist jetzt der einzige Verein, der seit Gründung in der Bundesliga dabei ist. Köln war das auch, ist jetzt aber nicht mehr. Urgestein passt klasse, finde ich: So richtig tumb und tranig rumkicken, wie Dinosaurier, das können sie.

Seitdem das Volksparkstadion, die alte Räuberhöhle, umgebaut wird, geht es aufwärts mit HSV. HSV ist sogar Dritter geworden und spielt darum jetzt in der Champions League und dann auch noch gleich gegen Juventus Turin wie damals 1983 und alle wollen Karten, auch Papa, aber ich krieg keine mehr, weil selbst in Flensburg lange Schlangen an den Kartenvorverkaufskiosken sind. Und heute Nachmittag, kurz bevor Maik und ich losdüsen, da ruft mich Mama noch an. Sie sagt, dass sie den alten HSV-Schlumpf mal wieder ordentlich zurechtgemacht hat und zwar darum: „Nun kann ja gar nichts mehr anbrennen. Keine Sorge Acki!"

Sorgen macht mir eher Barny, der schon um zwölf Uhr mittags sturzbetrunken einmal „You'll never walk alone", und zwar das ganze Lied auf unseren Anrufbeantworter singt.

Barny ist betrunken

Auf der Autobahn machen Maik und ich das ganze alte Programm, wie immer: Schiffe auf dem Kanal zählen, Torfabrik angucken, Schal auf die Rückbank. Und beim Parkplatz „Braun", da treffen wir uns mit Barny, der mittlerweile total knacksatt ist und obendrauf heute auch noch im weißen Anzug mit blauer Rose im Knopfloch aufläuft. „Dem Anlass entsprechend, Jungs! Dem Anlass entsprechend!" Auf dem Weg vom Parkplatz zum Stadion, da singen wir die ganze Zeit Lieder von Marius Müller Westernhagen, weil wir den so super finden. Aber wir singen trotzdem: „Sexy, was hast du nur aus diesem Mann gemacht, schalalalalalala, sexy, das tut dem alten Mann doch weh!"

Maik fragt uns, ob die in echt jetzt ‚Sexy' heißt und was diese ‚Sexy' jetzt mit diesem alten Mann gemacht haben könnte, was dem so wehtut. Wir stellen fest, dass die Frage nicht vollständig zu klären ist, das müsste man mal den Herrn Westernhagen fragen, wenn man ihn mal trifft.

Vor lauter Westernhagen-Gesinge vergessen wir fast, nervös zu sein. Heute spielt ja HSV! Wir also rein in das Stadion und schnell liegt HSV 1:3 zurück und Maik will sein Geld wieder haben. Und wie Maik noch rummauelt, da schießt HSV das 2:3 und jetzt geht etwas los, was keiner glauben kann: HSV macht auch noch das 3:3 und ich spüre es in meiner Hosentasche brummen.

Ich guck auf mein Handtelefon. Eine SMS von Ute: „Wahnsinn! HSV! Habe mit Mama telefoniert. Wir drücken die Daumen. HSV vor, noch ein Tor!" Ich hoffe mal ganz ernsthaft, dass Ute ja wohl nicht erwartet, dass ich zurückschreibe und will mein Handy gerade wegstecken, da hab ich schon wieder eine Kurzmitteilung bekommen: Eine unbekannte Nummer schreibt mir: „Dein Papa ist zu blöd zum SMS-Schreiben. Wir drücken dem HSV die Daumen! Ein Tor noch!" Das wird wohl einer von Papas Freunden aus Husum sein, mit denen er manchmal Fußball guckt.

Und wie ich fast ein bisschen Gänsehaut bekomme, dass meine ganze Familie hundertfünfzig Kilometer entfernt von Hamburg mitfiebert, da gehen die Gäule vollends mit allen durch: Freistoß in den Juve-Strafraum, abgewehrt, noch mal in die Mitte geflankt, Schuss von Kovac und TOR! TOR! TOR! HSV führt 4:3 und ich falle fast vom Oberrang runter, so super wie das ist.

HSV führt 4:3 gegen Juventus Turin. Ich denke an meine Mama und an meinen Papa und an meine Schwester und an meinen Schlumpf und an 1983, wie ich HSV gegen Juventus Turin im Wohnzimmer auf Nordstrand gesehen hab und wie Papa und Onkel Hans aus Schweden reinkommen, da brummt mein Telefon schon wieder. Ich will gerade mal gucken, was da so geschrieben steht, da geht ein Juve-Spieler in den HSV-Strafraum rein und wird festgehalten und, typisch Italiener, so kennt man sie, lässt sich fallen. Juventus kriegt also kurz vor Schluss noch einen Elfmeter und den schießen die rein und es steht 4:4.

Das Spiel ist aus. Ich setze mich wieder hin. Ich hole mein Telefon raus, um mal nach der SMS zu sehen, die da kurz vor Schluss reingeflattert ist. Die kommt von meiner Mutter: „Lieber Bursche! HSV 4:3! Ich freue mich so für dich! Jetzt wird alles gut! Glaub mir! Jetzt wird alles gut."

Maik stubst mich von hinten an. „Komm jetzt, wir müssen." Ich denke an Mama und ob überhaupt jemals alles gut wird und trotte zum Parkplatz.

Kapitel Fünf

Inken und ich sind umgezogen. Ich mache mein Referendariat als Lehrer in der Nähe von Hamburg und darum wohnen wir jetzt in Hamburg-Altona, genauer gesagt in Ottensen. Und das ist, wie es neudeutsch so scheiße heißt, ein multikulturelles Viertel. Hier wimmelt es nur so vor türkischen Gemüsehändlern und gemütlichen Cafés und Bars und so und Inken und ich finden das so super wie nur was.

Aber wie in Dreiteufelsnamen kann Ottensen bitte „multikulturell" sein, wenn hier überall nur St. Pauli-Fans rumeiern? Und das hätte ich man vorher wissen sollen: Kaum ziehe ich nach Hamburg, steigt St. Pauli in die Bundesliga auf. Welche dunklen Machenschaften des DFB auch immer dahinterstecken mögen: St. Pauli spielt wieder in einer Liga mit HSV. Es ist zum aus der Haut fahren!

Das Allererste, was ich in Hamburg mitbekomme, ist: „Ficken ist Trumpf." Hat wer bei uns direkt unter die Klingel gesprüht.

Und ich finde es schön, dass sich auch die politisch Aktiven aus Altona endlich wichtigeren Themen als „Atomkraft? Nein Danke!" und „Ich bin Energiesparer!" zuwenden und ich muss schon sagen, wie ich so davor stehe: Diese Sache an der Wand da, von wegen „Ficken ist Trumpf", die gibt mir doch zu denken und ich fühle mich sofort berufen, nach dem Frühstück auch mal wieder meine Malstifte rauszukramen und so'n büschen Stadtteilverschönerung zu betreiben: „HSV ist schon noch 'n ganzes Stückchen besser als St. Pauli, auch wenn HSV ja auch nicht sooo gut gespielt hat in den letzten sagen wir mal 15 Jahren!"

Das schreibe ich in Schreibschrift schön sauber an die Klotür im „Aurel", damit nicht nur die Hippies von der Fabrik, sondern auch die ganzen Szenetypen, die da ihren Caipirinha rauspissen müssen, mal was zum Nachdenken haben! Zufrieden stecke ich meine Malstifte zurück in meine Federtasche und geh noch was trinken im „Aurel" und geh immer wieder auf das Klo rauf und muss mir jedes Mal wieder vor lauter Lachen den Bauch halten, weil ich so begeistert bin, was ich bloß für ein 1a-Spaßvogel bin.

Paul wohnt ja schon seit längerem in Hamburg und zwar gleich um die Ecke und ich finde ja, dass man durchaus sagen kann, dass Paul nett ist, trotz St. Pauli. In echt ist er sogar supernett und jetzt, wo wir in Hamburg wohnen, ruft er immer an, ob wir Fußball spielen wollen und will mich auf Heavy-Metal-Konzerte mitschleppen und sowieso hat er uns kräftig dabei geholfen, hier eine Wohnung zu finden und da muss man auch mal fünfe gerade sein lassen können, dass er als St. Pauli-Fan eigentlich ja grundsätzlich schon disqualifiziert ist, aber ich bin ja nicht so und mein anderer Hamburg-Kumpel Barny hat neben Fußi ja nur noch Augen für seine „neue Perle" und man sucht ja auch in einer neuen Stadt immer so ein bisschen Anschluss und da kann das ja auch gar nicht schaden, wenn man schon jemand Nettes kennt. St. Pauli-Fan hin oder her.

Fürs Erste sitzen Inken und Paul und ich aber erst einmal vor dem „Querbeet", einer Bar ganz bei uns in der Nähe und wir trinken spritzige Sommergetränke: Cola-Korn und Cola-Rum. Da kommt so ein Spaziergänger zu uns rüberspaziert und als der uns da so sitzen sieht, da tut er so nett und fragt: „Hi! Könnt ihr mir vielleicht sagen, wie St. Pauli gespielt hat?" Und mir wird gleich ganz anders.

St. Pauli hier, St. Pauli da, so langsam reicht mir das hier aber mal mit eurem St. Pauli, denke ich. Und Paul will als Pauli-Fan gerade antworten, aber ich finde das ja so was von daneben, dass man gerade uns fragen muss und das will ich dem Spaziergänger auch mal schön aufs Brötchen schmieren, damit er sich das mal merken tut für das nächste Mal. Ich fauch ihn an, von wegen: „Och, hör mir doch auf mit St. Pauli!"

Ich bin ziemlich sicher, dass dem Typen jetzt endlich ein Licht aufgeht und ich denke, dass jetzt mal Barny und Maik hier sein sollten und dann denke ich noch: „Na du Idiot? Hast du jetzt endlich genug von deinem blöden St. Pauli?" Aber der denkt gar nicht daran, von seinem blöden St. Pauli genug zu haben. Er hat offensichtlich was falsch verstanden und kommt näher (!) und legt mir die Hand tröstend auf die Schulter (!!) und sagt: „Scheiße, Kollege (!!!), so enttäuscht? Wie hoch ham'se denn heute verloren?"

Nicht genug, dass in New York diese beiden Riesentürme einfach umgekippt sind und das Volksparkstadion nicht mehr Volksparkstadion heißt, sondern jetzt einen anderen Namen hat, fast so wie dieser Musiker Prince, der sich plötzlich erst ‚The Artist formerly known as Prince', dann ‚TAFKAP' und dann ‚Symbol' und demnächst wahrscheinlich ‚Peter Hansen' nennt. Oder wie Raider, der Pausensnack, der ja auch nicht mehr Raider, der Pausensnack, sondern Twix heißt. Nein, nein! Das ist noch lange nicht alles. Wäre ja auch zu schön gewesen, wenn das hier mal alles ein paar Tage glatt gelaufen wäre!

Papa hat Krebs.

Kaum sind wir nach Hamburg gezogen, hat Papa Krebs.

Hat er mir letztens am Telefon gesagt, wie ich grad mit Inken im Stadtpark saß und eine Flasche Wein getrunken hab, obwohl ich ja eigentlich Wein überhaupt nicht ausstehen kann, aber was tut man nicht alles für die Dame des Hauses. Und ich bin fast am Kotzen gewesen, was nicht an dem Wein gelegen hat, sondern an Papa und dem beknackten Krebs. Ich weiß zwar noch überhaupt nicht so richtig, was das jetzt bedeutet und so richtig schnallen tu ich das auch noch nicht, aber eines weiß ich: Ich könnte immer noch kotzen, jeden Tag!

Apropos kotzen: St. Pauli ist immer noch in der ersten Liga. Zwar verlieren die nur, aber egal. HSV verliert nämlich auch nur, wo ist da also der Unterschied? Und es ist ein bisschen armselig, wenn die einzige Freude am Wochenende ist, dass es wenigstens einen Verein gibt, der noch schlechter ist als HSV.

Papa hat Krebs

Jeden Montagabend habe ich Training bei Altona 93, wo ich zusammen mit Paul bei den dritten Herren spiele. Paul hat mich da vor ein paar Wochen mit hingenommen und nun kann ich überhaupt nicht mehr davon lassen, schließlich soll man sich ja bewegen, gerade wenn es sonst nicht so gut läuft im Leben und überhaupt.

Eine 4. Herren gibt es bei Altona 93 übrigens nicht. Nach der „Dritten" kommen gleich die Opas, die noch Fußball spielen, damit sie nicht den ganzen Tag bei Oma rumhängen müssen und auch mal rauskommen und auch mal ein paar Biere trinken dürfen, ohne dass Oma davon was mitkriegt. Opas sind ja manchmal ganz schön wunderlich.

Paul ist aber auch manchmal wunderlich, der spielt nämlich zusätzlich noch bei St. Pauli in der 7. Herren oder so.

Ich war ja zuerst knapp davor, da mal probeweise mitzutrainieren und wollte da schön Vinnie-Jones-mäßig die Axt rausholen und dann mal so richtig „Wilder Westen und Gewitter in den Gelenken" bei den Paulis. Halleluja, das wäre ein Ding gewesen! Aber Inken hat mir das verboten. Sie meinte, das passt doch nicht mit mir und St. Pauli. „Das weiß ich selber, Inken!" sagte ich zu ihr. „Ich wollte ja nur mal Vinnie-Jones-mäßig die Axt rausholen und dann mal so richtig „Wilder Westen und Gewitter bei denen in den Gelenken, Inken!“

Und Inken hat mich so angeguckt und das hat irgendwie so ausgesehen, als ob sie sich fragt, ob sie bisher alles richtig gemacht hat im Leben.

Acki für Altona

So spiele ich also nur bei Altona 93, in der 3. Herren, was vor allem darum schockt, weil nicht nur Paul da mit bei ist, sondern auch Barny, der aber eh „wegen die Weibers“ fast nie kann, das aber trotzdem geil findet, mal wieder Fußball zu spielen.

Der Platz, auf dem wir rumbolzen, ist ein Ascheplatz. Da kann man sich so richtig schön die Knie aufschlitzen und sich dann zu Hause von der Freundin ordentlich Jod rauftun lassen. Und wenn das dann brennt, dann heilt das, sagte ja schon Oma.

Eigentlich spielen wir immer ohne Aus und ohne Tornetze und die Flutlichtanlage hat nur einen Mast und da ist dann auch nur eine 40-Watt-Birne drinne und eigentlich ist das alles ziemlich unwürdig, aber wenigstens nicht St. Pauli. Heute dürfen wir aber ausnahmsweise mit der Dritten mal auf der Adolf Jäger-Kampfbahn, also dem Stadion, wo die Erste sonst spielt, ran, weil, irgend so ein Sponsor will das so. Der zieht das so richtig groß auf, von wegen „Sponsorenkick gegen Altona 93“ und so. Und weil die Erste keine Zeit hat und die Zweite keine Zeit hat, sind wir dran. Kein Wunder, schließlich sind wir ja so ein bisschen die Erste der Herzen.

Wir geben also unser Bestes gegen so eine vom Sponsoren zusammengewürfelte Truppe, die fast ausnahmslos aus durchtrainierten Zwanzigjährigen besteht, und wir verlieren mit 1:9. Inken und sieben andere Zuschauer stehen auf der Tribüne. Ein total wahnsinniger Stadionsprecher, von der Stimme her Gründungsmitglied von Altona 93, kommentiert ausnahmslos jede

Aktion des Spiels. Ich meine, irgendwie doch klar, dass wir so eingehen.

Aber Hauptsache, Inken ist da, und ich mache vor ihr eine anständige Figur. Wie lange auch immer man mit seiner Freundin zusammen ist, eine schlechte Figur sollte ein Mann beim Fußball ganz einfach nicht machen. Also versuche ich, Rückstand hin oder her, auf der Seite, wo sie und die anderen sieben Zuschauer stehen, ein paar Tricks zum Besten zu geben: Einen kleinen Übersteiger hier und einen Hackentrick da und bin der Meinung, dass ich wenigstens ein bisschen Spielkultur in die Gurkentruppe reinbringe.

Und auch Paul findet das. Er sagt: „Schön gedacht, Acki!"

Schön gedacht? Schön gemacht!

Paul hat doch keine Ahnung von Fußball, denke ich und find das schade, dass Barny mal wieder nicht kann: „Alter, ich hab da 'ne Maus am Start, da träumst du von!"

Ich will gerade wieder ein bisschen rumfummeln, also mit dem Ball, da höre ich den verrückten Stadionsprecher sagen: „Das ist doch alles brotlose Kunst, was der Neuner von Altona 93 hier zeigt." Und ich erinnere mich, dass ich die Nummer 9 auf dem Rücken hab und überlege, ob ich nicht mal was zu diesem Spinner rüberrufen soll, da legt der sogar noch nach: Gerade, als ich wegen eines leichten Ziehens im Oberschenkel, echt jetzt, ein Laufduell abbrechen muss, da lästert es aus den Lautsprechern: „Und wieder verliert der Neuner ein Laufduell. Er scheint mir wirklich ein wenig zu viel Weihnachtsspeck mit sich rumzuschleppen. Da muss ein Trainingslager her, aber ganz dringend!"

Spätestens, als der Typ auch noch anfängt laut hörbar zu lachen, reicht es mir komplett. Ich schrei den Opa vom Feld aus an: „Hier muss ganz was anderes her, nämlich ein Stadionsprecher, der nicht komplett senil rumquatscht!" Und ich drehe mich um und bin fest davon überzeugt, dass ich mich jetzt endlich auf Fußi konzentrieren kann. Da wird man ja noch verrückt bei, bei solchen Typen, denke ich noch und trabe ein bisschen über den

Platz, als Paul mir den Ball zuspielt. Schönes Ding, Paul, denke ich und will die Murmel elegant mit dem Außenrist mitnehmen, da donnert es in einer Riesenlautstärke auch schon wieder über die Lautsprecher: „Vorsicht, Dickerchen! Das Runde ist der Ball!" Und nachdem ich den Ball vor lauter Schreck ins Aus verstolpert hab, lass ich mich auswechseln.

Der Klügere gibt nach, pflegt Mama immer zu sagen. Darum lass ich mich ja auch auswechseln, aber nicht, ohne ein paar Takte in Richtung Stadionsprechkabine zu schreien: „Du Arschloch!" Und dabei fuchtel ich mit meiner Faust rum, bis Inken sagt: „Schluss jetzt, du machst dich hier doch lächerlich!"

Ich versuche, sie vom Gegenteil zu überzeugen: „Ich mache mich lächerlich? Der macht sich lächerlich!"

Inken streichelt mir übers Haar, weil sie weiß, dass sie mich damit rumkriegt: „Jetzt ist gut, Acki. Lass uns man nach Hause gehen." Und ich lasse mich beruhigen und ziehe mich um und wie ich so an der Stadionsprecherkabine vorbeilaufe, da hakt sich Inken unter und gibt mir einen dicken Kuss.

Hast noch mal Glück gehabt, denke ich in Richtung der Stadionsprecherkabine. Aber da gibt's ja dann doch was zu gucken: Da sitzt gar kein alter Sack, sondern Barny, der mir jetzt dreckig grinsend entgegenläuft: „Digger, ich warte schon die ganze Zeit drauf, dass ich eins auf die Fresse krieg von dir. Du lässt dir ja echt alles gefallen, Mannmannmann", lacht er. Und ich soll das wohl auch lustig finden, dass er statt kommodig zu Hause mit seiner Schnalle rumzumachen, mich vor dem ganzen Stadion lächerlich macht. Tolle Freunde habe ich.

Tolle Freunde habe ich

Ein paar Tage später ist wieder richtig großer Sport angesagt: HSV spielt gegen Wolfsburg, und ich gehe mit Maik hin. Aber, ich hätte das vorher wissen müssen: Das Spiel ist mal wieder langweilig wie sonst was und ausgehen tut das 1:1. Mal ganz abgesehen davon, dass ich mich immer noch nicht daran gewöhnen kann, dass Mannschaften wie Wolfsburg überhaupt in der Bundesliga mitspielen dürfen und dafür alte Superteams meiner Kindheit, wie zum Beispiel Fortuna Düsseldorf, Bayer 05 Uerdingen, Eintracht Braunschweig und Darmstadt 98 nur noch in der Kreisklasse oder so kicken müssen. Da kann man sich schon drüber aufregen, find ich! Und das tue ich auch, zirka neunzig Minuten lang und sorge dafür, dass Maik ein wenig beschämt zur Seite guckt und mich ein ums andere Mal antickt und meint: „Ey, Acki, nun ist auch mal gut hier!"

Nach dem Spiel verabschiedet sich Maik ziemlich schnell. Der muss jetzt doch plötzlich nach Hause, obwohl wir eigentlich noch den Kiez unsicher machen wollten, aber nun meint er, er hätte was Wichtiges zu tun und so ein bisschen wundert mich das.

Wie ich zu Hause ankomme, wird erst mal die Playstation angemacht, Inken vor den Fernseher bestellt und ‚Pro Evolution Soccer' gespielt. Inken kann das Spiel – na klaro – nicht so gut. Sie ist also Wolfsburg. Und ich bin HSV. Und, wer sagt das denn, plötzlich fallen die Goals wie reife Früchtchen und selbst HSV-Verteidiger Ingo „Tormaschine" Hertzsch, der sonst nicht so richtig gut geradeaus schießen kann, macht ein Tor nach dem anderen! Inken ist am Boden zerstört und hat Tränen in den Augen und faselt immer wieder was von wegen „Mit welchem Knopf kann ich schießen?" oder „Welches Team spiele ich eigentlich?" Bei aller Liebe: Heute kann ich keine Rücksicht auf Inken nehmen. Und der Endstand ist 8:0 für HSV. Und ich lehne mich im Sessel zurück, während Inken beleidigt abhaut und ich denke: Na bitte, es geht doch! Guter, alter HSV!

Wie gut, dass ein paar Tage später wieder HSV auf dem Programm steht und Maik vorbeikommt, weil, ich hab mir in letzten Tagen genug Selbstvertrauen auf der Playstation geholt und nun wollen wir mit der Eisenbahn nach Rostock, um endlich mal wieder einen Auswärtssieg einzufahren.

Und wie wir so im Zug sitzen und alkoholhaltige Erfrischungsgetränke zu uns nehmen, da stoßen wir auf Barny an, weil, Barny ist schon wieder zu Hause geblieben. „Wegen die Weibers", zur Abwechslung mal.

Wir dagegen machen uns einen stilvollen Nachmittag: Die Tour ist mal wieder vom Gepflegtesten, würde ich sagen. Schön gemütlich schenken wir uns alkoholische Mischungen ein und geben uns so richtig den Rest. Was schockt: In Rostock kommen wir trotzdem an und das Allererste, was wir müssen ist: erst mal pinkeln.

Wir beide rennen also raus und wollen gerade an der Bahnhofsmauer eine Stange Wasser in die Luft stellen, wie man früher auf Nordstrand zu sagen pflegte, und wir haben schon fast unsere Kapitäne in der Hand, da sehen wir grad noch rechtzeitig, wie ein HSV-Fan beim Pieschen von zwei Cops hops genommen wird: „Junger Mann, das Urinieren gegen die Mauer ist verboten!" Also drehen sich Maik und ich schnell um 180 Grad und pinkeln auf den benachbarten Grünstreifen. Und der Polizist sieht das und macht den Daumen hoch und nickt dabei zustimmend und sagt: „So ist's recht, die Herren! So wird's gemacht!"

Die Partie geht schon wieder 1:1 aus und das ganze miese Spiel über singen Maik, in Gedenken an den super Polizisten von vor dem Spiel: „Jawoll, meine Herrn, so haben wir's gern, jawoll, jawoll, jawoll!"

Inken ist genervt. Ich kann seit Tagen nämlich nicht mehr schlafen und stehe immer wieder nachts auf und geh auf Klo oder an den Kühlschrank ran oder bleib liegen und schlaf weiter. Ich bin so aufgeregt, weil übermorgen HSV gegen St. Pauli spielt.

Das ist ja eigentlich so, wie wenn Johnny Cash gegen Gunther Gabriel antritt. Das ist halt ein ungleicher Kampf und seit 25 Jahren hat HSV gegen die Clowns nicht mehr verloren, aber aufgeregt bin ich trotzdem, weil, irgendwann ist ja immer das erste Mal und so befürchte ich aber so was von erst recht, dass HSV diesmal fällig ist, fällig sein muss.

Nicht genug damit, dass ich seit Wochen morgens mit Rändern unter den Augen aufwache, kommt es in der Schule heute zum absoluten Eklat: Ein Lehrerkollege hat der 3. Klasse nämlich erzählt von wegen, ich wäre St. Pauli-Fan und zwar so was von eingefleischt und man könne mir eine große Freude machen, wenn man mir St. Pauli-Bilder malen würde.

Die Stunde beginnt also und der kleine Patrick kommt nach vorne und ich denke an nichts Böses und frage „Na, kleiner Patrick? Was hast du da Schönes?" Und Patrick sagt: „Du, Herr Lehrer, wir haben was für dich gemalt!" Und ich mach so ein bisschen auf Freude und er überreicht mir ein Bild mit einer Anzeigetafel drauf. Und auf der Anzeigetafel steht drauf: „St. Pauli gegen HSV 10:0. Das ist super!"

Mal ganz im Ernst: Ich nehme das ganz cool hin und frage, wer ihm denn verraten habe, was für ein großer St. Pauli-Fan ich bin. Denn: Was kann das Balg denn dafür, wenn Lehrer so niederträchtig lügen? Aber als die ganze Klasse plötzlich aufsteht und wie wild „St. Pauli!" ruft, da ist Schluss mit Kindergeburtstag: „Was ist das hier für eine verdammte Affenscheiße! Alle hinsetzen. Hefte raus, Klassenarbeit!"

Am nächsten Tag beschließe ich, fürs Erste mit keinem aus dem Lehrerkollegium mehr zu reden. Und die Eltern von Patrick werde ich wohl oder übel zu einem Elterngespräch einladen müssen. Natürlich ist Patrick jung und weiß noch nicht so recht, was er da getan hat. Den Kindern von heute fehlt ja sowieso jegliches Unrechtsbewusstsein, sagt man. Aber ich nehme die Verantwortung an: Ich bin Lehrer und habe die Pflicht, mich um Problemkinder zu kümmern!

Kaum zu Hause angekommen ruft mich Paul an. Und der meint allen Ernstes, dass wir doch heute, „zur Feier des Tages" mal prima zusammen ins Stadion gehen könnten. Ich brauche einige Minuten, um ihm klarzumachen, dass das ja wohl das Bescheuerteste überhaupt wäre. „Wie sieht das denn bitteschön aus, wenn ein HSV- und ein St. Pauli-Fan nebeneinander zum Volksparkstadion laufen würden? Ich müsste dich die ganze Zeit bepöbeln, Paul, was sollen sonst die Leute von mir denken?"

Typisch Paul. Ich weiß ja nicht, was der sich dabei gedacht hat, aber ich kann es mir ganz einfach nicht leisten meinen Ruf aufs Spiel zu setzen. Freundschaft hin, Freundschaft her, irgendwann nimmt mich dann keiner mehr ernst. Und das kann ja wohl auch nicht im Sinne von Paul sein.

Das Spiel ist eine einzige Freude.

Nach dem 4:0 für HSV mache ich auf dem Oberrang den „Dancing Homer", ganz so wie Homer Simpson in der ‚Simpsons'-Folge, wo er sich als Maskottchen für diese rumpelige Baseballtruppe zum Affen macht.

Alle St. Pauli-Fans sind mal wieder richtig bedient und auf dem Kiez klopft es, nachdem ich nicht müde werde, das Ergebnis immer und immer wieder in jede Kneipe reinzubrüllen, wo St. Pauli-Fans drinne sitzen, auf meiner Schulter. Und so ein St. Pauli-Willi sagt zu mir: „Aldo Serena, wenn du nicht endlich die Schnauze hältst, dann macht das bei dir gleich mal Ding Dong, aber nicht an der Tür!"

Ich renne erst mal los und überlege mir, splitternackt nach Hongkong zu laufen (wie in diesem Super-HSV-Lied: „Und macht der Ivan einmal Ding Dong, dann lauf ich splitternackt nach Hongkong, Ding Dong!"), denke aber, dass die einschlägige HSV-Gaststätte „Tankstelle", wo nur die fiesesten Schlägertypen ihre Fanta trinken, doch der bessere Anlaufpunkt ist.

Der Willi ist, nachdem ich weiter schön weit das Maul aufgerissen hab, immer noch hinter mir her, und er ist ganz gut zu Fuß und kommt langsam näher. Und langsam wird das knapp, und ich spüre schon seinen ekligen Astra-Atem im Genick, als ich endlich bei der Tankstelle einlaufe und den St. Pauli-Willi an den Türsteher verpetze.

Der ruft was in die Kneipe rein und Willi guckt gar nicht mehr so böse. Böse gucken nur noch die Typen, die da aus der Kneipe rauskommen und sich schon mal die Ärmel hochkrempeln. Ich frag mich, was das nun wieder soll und warne die Jungs lieber noch, damit der Willi nicht wieder so ausflippt: „Ey Leute! Sagt dem bloß nicht, wie das Spiel ausgegangen ist. Der flippt sonst voll aus!"

V**orgestern hat Papa angerufen.** Er fragt, wann er am Samstag nach Hamburg kommen soll, denn er kommt mit, Bayern glotzen. Ich hab ihn eingeladen und er sagt, er freut sich. Und ich freue mich auch, dass er dabei ist, schließlich geht es nicht nur darum, dass er mal ein bisschen Abwechslung vom Kranksein hat, sondern ich werde seinen Trost mal wieder ganz dringend brauchen: HSV hat gegen Bayern seit gefühlten dreißig Jahren nicht mehr gewonnen.

Aber vor der Arbeit kommt die Pflicht, und weil Inken schon so lange gefragt hat, gehen wir ins Kino, weil ja auch kein Fußball im Fernsehen läuft. Inken und ich schauen uns „About a boy" an und Inken erzählt, was ich auch in mehreren Frauenzeitschriften zuletzt gelesen hab: „Hugh Grant in seiner besten Rolle!"

Ja ja, denke ich und überlege, wie HSV das morgen in Dreiteufelsnamen schaffen soll, gegen Bayern zu gewinnen. Und dann darf ich mich noch nicht mal richtig aufregen und auf der

Tribüne ausflippen, wenn Bayern 3:0 oder so führt, weil Papa dann bestimmt wieder sagt: „Acki!"

Und wie ich so rumgrübel, da schrecke ich auf und schrei vor Schreck, fast so wie die alte Schrulle aus ‚Psycho', als sie da so in der Dusche steht und die Geige im Stakkato fiedelt: „Ich hab vergessen, den St. Pauli-Voodooteddy zu bearbeiten und Pauli spielt in Lübeck!"

Seitdem ich zum Geburtstag im März ausgerechnet von Paul einen HSV-Schrein mit St. Pauli-Voodooteddy und schönen langen Nadeln geschenkt bekommen habe, haben die Clowns nicht mehr gewonnen und es mittlerweile bis runter in den Keller der zweiten Liga geschafft, was ja so super wie nur was ist und die Totenkopfpullilage in Ottensen merklich entspannt hat.

Jetzt habe ich meinen Voodoozauber das erste Mal vergessen. Mist. Grad will ich fast durchdrehen vor Angst, die Braunen könnten in Lübeck einen Stich gemacht haben, weil ich so nachlässig war, da brummt es neben mir. Ich will gerade sagen: „Inken!"

Aber Inken war das nicht. Die redet immer noch von „der ist ja echt niedlich!" und „früher fand ich Hugh Grant voll doof!".

Dann merk ich: Das ist mein Handfunktelefongerät, das ich ihn meiner Hosentasche hab. Und ich gucke auf mein Handfunktelefongerät und ich habe eine SMS von Paul bekommen. Und während Inken neben mir „Endlich hat er mal eine vernünftige Frisur. Nicht so schwul wie sonst!" vor sich hinplappert, schaue ich auf das Display rauf und drehe erst recht durch wie die Alte aus ‚Psycho': St. Pauli hat 6:0 verloren.

Und ich jubel laut drauflos: „Geht doch!" Und so ein Typ hinter mir, der ist wirklich sauer und macht „PSCHT!", fast so wie wenn Ernie und Bert im Kino sind und Ernie die ganze Zeit rumnervt und der Opa mit dem blauen Gesicht und der runden Brille dann immer „Pscht!" macht. Na ja, so ein „Pscht!" ist das eben. Ich beruhige mich also wieder und beiße mir vor Freude in den Handballen. Erst den Film abwarten, Acki und dann zu Hause

Vollgas! Ich lehne mich zurück, genieße das Leben, den Film und zu Hause, ja ha, da wird zur Feier des Tages endlich mal das dicke Niederegger-Marzipanschwein von Weihnachten verdrückt.

Am Samstag ist es dann mit der Freude vorbei. Mal wieder. Das Wochenende wäre doppelt so gut, wenn ich kein HSV-Fan wäre. Soviel steht mal fest. Aber erst einmal kommt Papa morgens in Altona am Bahnhof an und er hat die leckeren Brötchen von „Bäcker Brix" aus Husum dabei, die weichen mit Rosinen – und dann Nutella rauf. Das ist zwar eine Riesenkalorienbombe, aber viel hilft eben viel und von nix kommt ja schließlich nix.

Um 14 Uhr drängt Papa zum Aufbruch Richtung Volkspark. Und das vierzehntägige Unheil nimmt seinen Lauf und schon nach zwanzig Minuten steht Papa auf und beschwert sich lauthals: „Das ist doch alles ein großer Mist hier!" Und ich sage: „Und brotlos dazu!" Und er sagt: „Und brotlos dazu, richtig!" Und Papa hört gar nicht mehr auf mit Pöbeln bis das 0:3 steht, und ich bin überhaupt nicht genervt und freue mich jedes Mal, wenn Papa sich über irgendwas aufregt, schließlich heißt das, dass es ihm ganz gut geht, solange er noch pöbeln kann.

Für St. Pauli läuft's beschissen, was super ist, für HSV geht's aber auch nicht besser. Und da sind Paul und ich uns mal einig: Nur verlieren schockt einfach nicht, egal ob zweite oder erste Liga. Wir ziehen also nachmittags die von unseren Spielerfreundinnen gewienerten Buffer an und Schienbeinschoner – auch wenn wir ohne Zweikämpfe spielen, fühlt man sich doch gleich sicherer mit Schienbeinschonern – und Radlerhose und kurze Sporthose und Vereinstrikot und los geht das, auf zum kleinen Bolzplatz an der Julius-Leber-Straße, wo wir ganz einfach „Knack das Ei drauf, Digger!" spielen.

Und das geht so: Ich habe das eine Tor, Paul das andere Tor und wir schießen uns den Ball um die Ohren, bis einer zehn Tore hat. Wir sind richtig wild heute, trinken kohlensäurehaltige Erfrischungsgetränke und singen Lieder von Gunther Gabriel und bomben die Bälle wie Thomas Kroth zwischen die Alupfosten. Eine wahre Freude ist das!

Wir sind gerade am Spielen, da kommen so ein paar HipHop-Kinder, die wild mit ihren Armen gestikulieren und ständig an ihren viel zu weiten Hosen rumfummeln. Kennt man ja: „Ey Mann, Opas! Spiel oder was?!" Ich denk „Schiebt ab, ihr Babys!", bin als Pädagoge aber quasi dazu verpflichtet, die Sache anders anzugehen: „Natürlich, liebe Kinder. Lasst uns etwas Fußball miteinander spielen!"

Die beiden Hosenscheißer legen dann erst mal die Regeln fest, von wegen „Wir haben vier Tore Vorsprung und ihr habt festen Torwart und dürft erst ab da und da schießen und dies dürft ihr nicht und das dürft ihr nicht und wir wollen noch erst mal unsere Eltern anrufen."

„Nun denn", sagen wir uns, lassen das Spiel beginnen, lassen die Bengel gar nicht erst an die Pille ran und tanken in einem „körperbetonten Spiel" (Paul nun wieder!) mit einem sicher herausgeschossenen 10:0-Kantersieg Selbstvertrauen für die kommenden Punktspiele mit der „Dritten".

Als die beiden verstört, mit Tränen in den Augen und blauen Flecken an den Beinen unseren Ground verlassen, geben wir ihnen noch ein paar Weisheiten mit auf den Weg: „Gesunde Härte, Jungs! Gesunde Härte!" Und zum Abschied fragen wir noch freundlich: „Kommt ihr morgen wieder?" Aber diese unerzogenen Blagen halten das nicht mal für nötig zu antworten.

Paul und ich beim Buffen

Barny hat Geburtstag und dazu passend die Superidee, den mal anders zu feiern. Barny ist mal wieder solo, also geht das mit einer reinen Herrenrunde im Bus nach Berlin hin, wo HSV heute spielt, und wir vertreiben uns die Fahrtzeit mit Gesängen: „Scheiße auf dem Autoreifen, heyladiladiloh, macht beim Fahren braune Streifen, heyladiladiloh. Heyladiladiladi, heyladiladiloh. Heyladiladiladi, heyladiladiloh!"

Barny hat neben Salzstangen, Flips und Wackelpudding auch lustige Spiele vorbereitet: Dosenschießen statt Dosenwerfen und statt blinde Kuh gibt das schwarze Sau, einen üblen Lakritzlikör, der mir ganz gehörig die Kauleiste verklebt.

Bei „blinde Kuh" muss ich ja gleich wieder an HSV denken, denn die Saftärsche verlieren 0:2 und da kann man ja nur von Glück reden, dass Barny eine ganze Batterie Schnäpse mit ins Stadion reingeschmuggelt hat, weil, da haben wir wenigstens was zu tun, während die Berliner Fans auf der anderen Seite „Nur nach Hause gehen wir nicht" singen.

An einer Tankstelle macht die Reisegruppe Hamburg einen kurzen Stopp und ich bleibe im Bus sitzen und wie ich so denke, dass gar kein Porno und keine Heavy-Metal-Musik läuft und man ja doch ein bisschen erwachsen geworden ist, da kommt die ganze letzte Reihe zurück in den Bus: Großes Gejohle und jetzt fliegt so einiges durch den Bus: Motorenöl, Duftbäume, Scheibenwischer, Micky Mäuse, Fürst-Pückler-Königsrolle, Blockschokolade, Salami, Müllermilch und sämtliche Biersorten, die ich schon mal gesehen hab. Und ich hab so ein bisschen den Verdacht, dass da jemand zu viel Geld ausgegeben hat und äußere den Verdacht auch. Ich sage der letzten Reihe: „Ich hab so ein bisschen den Verdacht, dass ihr zu viel Geld habt, Jungs!" Die klopfen mir auf die Schulter und nicken mit ihren Köpfen und beruhigen mich: „Ja ja, wir haben ganz einfach zu viel Geld, stimmt schon." Na ja, denke ich, wenigstens sind sie sich dessen bewusst.

Und wie ich ein bisschen erleichtert bin, da wird vorne der Fernseher angemacht und ich muss schon genau hingucken, um zu sehen, was für ein Titel dort auf dem Bildschirm zu sehen ist: „Fette Fickfotzen 3". Ich bin ja einiges gewohnt. Jetzt aber gucke ich aus dem Fenster und schäme mich ein bisschen, aber nur ein bisschen, weil wir am Ende dieses Geburtstages alle, statt Radiergummi und Bleistift, einen Kater mit nach Hause nehmen dürfen.

Das fällt mir am nächsten Morgen auf, als ich mal auf Klo geh, weil, ich muss pieschen, und als ich meinen Helm abnehme, da hab ich große Kopfschmerzen. Außerdem liegen im Wohnzimmer mindestens fünf komische Typen mit HSV-Klamotten wie tot auf zirka hundert Dosen Holsten-Export und haben Duftbäume an den Ohren und Micky Mäuse auf den Bäuchen und ich bin wirklich sauer auf Inken. Kaum ist Vatti mal aus dem Haus, feiert Mutti eine Party mit irgendwelchen HSV-Rüpeln.

Inken sauer

Am Abend gehen wir zum ‚Tocotronic'-Konzert in der Großen Freiheit, weil, Inken schenkt mir das, weil sie glaubt, dass ich die super finde. Dabei hab ich nur mal gesagt, dass ich die super finde, weil der Bassist von denen einmal in einer Umfrage zur Weltmeisterschaft auf die Frage, wer denn Weltmeister wird, gesagt hat: „HSV wird Weltmeister, weil sie bei weitem die besten Spieler haben." Und da hatte er recht und das fand ich genauso super wie den Tipp vom Bassisten, den der zum letzten Derby gegen St. Pauli abgegeben hat: „5:0 für HSV."

Also eines steht mal fest: Den Bassist von ‚Tocotronic' finde ich super. Und Inken auch. Ich glaube zwar immer noch nicht, was Inken meint, dass nämlich diese besoffenen Typen im

Wohnzimmer alle von mir angeschleppt worden sind, aber O.K.

„Dann glaub ich das eben, Inken!"

Und Inken schaut so ein bisschen genervt nach oben und rollt mit den Augen. Und ich sage: „Ja ja, rolle du nur mit deinen Augen!" Und dann rolle ich mit den Augen, um sie ein bisschen zu ärgern und wie wir so beide mit den Augen rollen, da weiß ich: Inken soll meine Frau werden, und dass das alles so super wie nur was ist.

D**ie ganze Chose beginnt** damit, dass Barny mich am Freitagabend anruft und rumkrakeelt, dass er „dicke Eier" hat und morgen dringend nach Nürnberg will. Er kennt da so ein Mädchen und wo der HSV da doch schon mal um die Ecke spielt, „da können wir doch mal hinfahren!".

Und außerdem: „Ich hab 'ne neue Schlurre. Nicht gerade 'n Sportwagen, aber für so 'ne Fußitour wird's schon noch langen, Digger!"

Ich denk so bei mir „na ja ..." und eigentlich habe ich Inken ja versprochen, mit ihr mal wieder gemütlich an der Elbe spazieren zu gehen, aber O.K. „Geht los!"

Ich leg auf und guck mal rüber zu Inken und irgendwie sieht das nach Ärger aus ...

Was am Samstagmorgen super ist: Außer Maik kommt auch Inken mit nach Nürnberg: „Da gibt es doch diesen tollen Christkindlmarkt!"

Also geht es los und es ist noch dunkel und wir sind knapp on the road, da raucht das doch 'n büschen doller unter der Motorhaube. Barny, der für die heutige Tour extra ein paar Heavy-Metal-Tapes zusammengestellt hat (sehr zu Inkens Freude!), fährt schnell auf den nächsten Rastplatz, stoppt die Karre, geht raus, macht die Haube hoch und winkt beruhigend ab: „Leute, keine

Sorge! Das ist nur das Kühlwasser!" Wir also weiter im Text: „Saufen!"

Die Stimmung ist trotz der frühen Stunde geil im Quadrat und mir fällt schon wieder auf, dass Heavy Metal spitze ist! Wir hören also bei voller Lautstärke Meat Loaf und Peter Maffay und drängen auf Weiterfahrt. Barny will aber „bei so einer langen Reise" kein Risiko eingehen und ruft den AD/AC an: „Wofür bin ich bei den Heinis, wenn ich deren Hilfe nicht mal jetzt in Anspruch nehme?!" Maik und ich also die nächste Jolle aufgerissen und im Gefühl des sicheren Sieges zurückgelehnt und die gute Laune genossen. Inken fragt, was denn nun ist, wenn der Motor „was abgekriegt hat".

Meine Alte nu wieder!

Keine Ahnung von Autos ...

Eine halbe Stunde später fährt der AD/AC vor. Ein kleiner Mann mit Blaumann, Schnauzbart und türkischem Akzent lächelt freundlich und macht sich flott an die Arbeit: „Das kriege wir schon hien!" Barny ist beruhigt und geht „erst mal pissen". Maik geht gleich mit. Inken bleibt in der Kiste sitzen und macht weiter auf Panik und ich regel das mit dem AD/AC: „Na, Chef?! Kann gleich weitergehen, oder was!?" Ich grinse ihn an, weil, eines ist ja erst mal sicher in dem Moment: Das kann sich nur noch um Minuten handeln und dann sind wir wieder auf dem Weg nach Nürnberg. Und dann „Auswärtssieg! Auswärtssieg!"

Der kleine Mann klappt unterdessen die Motorhaube runter, von hinten höre ich Barny, gerade vom Klo wieder zurück, bölken: „Geht's hier gleich mal weiter, oder was!?" und auch ich bin glücklich und nicke dem Blaumann augenzwinkernd zu. Der jedoch zieht die buschigen Augenbrauen hoch, zuckt mit den Achseln und teilt knapp und mit rollendem „R" die ‚Diagnose' mit: „Beerrrdigung ..."

Eineinhalb Stunden müssen wir auf dem Rastplatz warten und dann irgendwann kommt der Abschleppwagen angebraust. Barny hat mittlerweile auch zu saufen angefangen. Es ist Samstag, 10 Uhr morgens und im Führerhaus des Abschleppwagens ist nur Platz für zwei weitere Personen. Inken ist kalt, also sie da rein und Maik setzt sich auch dazu. Barny und ich machen es uns währenddessen in seinem Spaßmobil bequem. Wir sind mit der Karre hinten so rückwärts aufgebockt, dass wir durch die Windschutzscheibe direkt auf die Autobahn gucken können und allen Autofahrern mit unseren HSV- Schals zuwinken können.

Die finden das super, weil, die denken bestimmt, dass der HSV ein Heimspiel hat! Und wir da hinten haben eine famose Laune, bis Barny schon wieder „pissen" muss – und leider nicht bis Hamburg warten kann.

Wir spielen heute mit Altona 93 gegen St. Paulis 7. Herren und das Spiel soll um 9 Uhr anfangen und, klaro, kaum stehen wir auf dem Platz und wollen loslegen, da ist kein Schiri da. „Der Schiri ist bestimmt im Puff eingeschlafen, was Jungs?" versuche ich ein bisschen Stimmung in die Bude zu bringen, aber von wegen Stimmung: „Acki, halt nur einmal deine vorlaute Schnauze!", schnauzt mich unser Trainer an.

Ich bin ein bisschen beleidigt, aber ich glaube, dass mein Trainer ein bisschen genervt ist, weil ich nicht in der Kabine war zur Besprechung, weil, wir müssen uns nämlich in den Kabinen umziehen, wo sich St. Pauli seine erste Herrenmannschaft normalerweise umzieht. Na ja. Und da hab ich mich aus Protest eben draußen umgezogen und mein Trainer meint, das sei so was von albern, und dass er ausrasten könnte bei so viel „Unprofessionalität". Echt jetzt: „Unprofessionalität" hat er gesagt. Was ist daran unprofessionell, bitteschön? Heute ist hier vielleicht was los, denke ich noch so bei mir und schon kommt einer von

St. Pauli bei uns längs und sagt, was Trumpf ist: „Freunde der Sonne, ich werde das Spiel heute pfeifen. Der Schiri ist sicher im Puff eingeschlafen, oder was meint ihr? Hö hö!"

Als unser Trainer das hört, schaut er mal kurz grimmig zu mir rüber und ich zucke nur mit den Achseln und wo wir das schon mal geklärt haben, kann es ja endlich losgehen, denke ich so bei mir, und der St. Pauli-Typ pfeift das Spiel an und „Scheiße im Quadrat" denke ich so, als mir auffällt, dass unser Gegner eine komplett braune Ausrüstung hat. Das ist so richtig professionell, so richtig mit Spielernamen hinten drauf und ein bisschen neidisch werde ich da doch, wie ich das sehe. Und als ich so im Mittelkreis stehe und überlege, wie super das wäre, auf meinem Trikot hinten drauf „Acki" stehen zu haben, da schlägt es auch schon 13.

„Acki, beweg dich mal, du faule Nudel!", fährt mich unser Trainer, der übrigens mitspielt, also sozusagen Spielertrainer ist, an.

„Ja ja, ist ja schon gut!", bölke ich zurück und bewege mich ein bisschen. In echt denke ich aber noch drüber nach, wie super es wäre, wenn auch Paul und Barny und all die anderen Jungs aus meiner Mannschaft ihre Namen hinten drauf hätten.

„Stark", denke ich so bei mir, da habe ich schon einen Tritt im Arsch hängen.

„Entschuldigung!" sagt mein Gegenspieler und schaut grimmig auf meine Hose und die Stutzen. „Ey! Was is, Alter?", rufe ich. „Noch nie HSV-Stutzen und Hose gesehen, oder was?"

Und das findet unser Trainer nun auch wieder nicht super, dass ich hier nun unbedingt mit HSV-Kram rumlaufen muss. „Man muss die doch nicht auch noch unnötig provozieren, oder? Acki, werd endlich mal erwachsen!" Ich und erwachsen werden?

„Ich bin erwachsen, verdammt noch mal!"

Acki für Altona

Erwachsen hin oder her, nun bin ich auf 180. Wir spielen schließlich gegen St. Pauli, das hätte ich ja fast vergessen. Aber kaum will ich mal so richtig loslegen, da steht schon wieder unser Trainer neben mir. „Acki. Bleib bitte cool. Ich will das Spiel fair über die Bühne bringen, O.K.?“ Und ich sage „O.K.“. Wenn der Coach das sagt, dann ist das wohl so, Ehrensache! Der nimmt mir das aber nicht ab, im Gegenteil, und ruft Richtung Seitenlinie: „Hey Barny! Zieh dich um, du kommst für Acki rein!“

Nun bin ich echt am Arsch. Ich hatte mir für das Spiel so viel vorgenommen, vor allem Tore und Fouls, und dann das. Ausgewechselt. Gerade ‚Ich bin zwei Sturmtanks!‘-Acki wird ausgewechselt!

Ich bin fassungslos und weine etwas und hoffe, dass mein Trainer merkt, dass der grad einen riesengroßen Fehler macht.

Aber der lässt sich nicht erweichen. „Hau ab, du Mimose! Und hör endlich auf mit dem Heulen!“

Barny kommt für mich rein und flüstert mir noch kurz was zu: „Keine Angst, Digger! Ich werde dich rächen. Ich hab extra die langen Eisenstollen draufgezogen ...“ Und das hört einer von der anderen Mannschaft und schon kommt es zu einem kurzen Handgemenge und Barny ruft: „Ich flipp hier gleich mal aus! Wir leben in einem freien Land, ihr Scheißzecken!“ und auf dem Platz, da ist ein ziemliches Chaos. Ich aber lasse Chaos Chaos sein und so gehe ich in Richtung Fahrrad.

Und wie ich da so draußen in der Novemberkälte rumstehe, da komme ich mir so richtig vollkrank vor.

Und wie ich so nachdenke und über mein Leben philosophiere und mich so ein bisschen schäme, da steht Barny vor der Kabine neben mir. Er ist rausgeflogen. „Wegen die Stollen, Digger!“, sagt er. „Aber, was machst du denn hier draußen überhaupt?“

Ich klär ihn auf, dass ich mich nicht in der Kabine der Braunen umziehen wollte, das jetzt aber für ziemlich idiotisch halte. „Na klar ist das idiotisch! Das is schließlich unsre Chance heute", grinst Barny mich an, „Hab extra die dicksten Edding-Stifte dabei. Da drinnen können wir mal so richtig rumsauen! Von wegen ‚HSV ist super' und so!" Und kaum hat er das gesagt, ist er auch schon im Kabinentrakt verschwunden.

„Idiot", denke ich so bei mir. Manche Leute werden nie erwachsen und Barny gehört auf jeden Fall dazu.
Und ich schüttel den Kopf und denke über all die Sachen nach und ich denke an Inken und an all die HSV-Spiele gegen St. Pauli und an all die Pfeifen, die keine Ahnung von Fußi haben und zu St. Pauli rennen und alle HSV-Fans für Asis halten und … sehe zu, dass ich hinterher komme: „Hey, Barny! Warte mal! Du hast doch zwei Stifte dabei, oder?"

Barny für Altona

Barny und ich trinken uns mal wieder schön einen zurecht, wie wir heute so bei uns in der Küche zusammensitzen. Wir trinken auf meinen Papa, dem es immer noch nicht besser geht, während Inken Milchkaffee schlürft.

Im Stadion, wo HSV heute gegen Mönchengladbach spielt, trinken wir dann auf Barny, weil nämlich, Barny hat die besten Tricks raus, wie man eine Flasche Schnaps mit reinkriegt ins Stadion. Und die Flasche teilen wir uns brüderlich mit unseren Sitznachbarn, bei denen wir, na klaro, sofort die Kings sind und wir werden im Laufe des Spiels duhner und duhner und in diesem Zustand sind sogar HSV-Spiele zu ertragen.

Und das ist heute mal wieder schlecht: HSV kriegt kurz vor Schluss noch einen rein.

Irgendwann ist das Spiel aus, 3:3, und Barny und ich setzen uns außerhalb des Stadions hin, um mal über die ganze HSV-Lage zu sprechen, weil schließlich, mal wieder ist HSV irgendwo am Arsch der Liga und ich fluche ein wenig und Barny nimmt mich in den Arm und wir reden über alte Zeiten, über Kalle und Kojak, über Maik, über die Sache mit den Nordstrand Hooligans und, vor allem, über HSV und über uns und er erzählt mir, wie das laufen wird: „Weißt du was, Acki? Es wird alles so bleiben, wie es ist: HSV macht leere Versprechungen und wenn wir alt und grau sind, dann sitzen wir hier immer noch und trinken heimlich Schnaps und reden über Frauen und verfluchen HSV, weil HSV ist wieder nur Zehnter geworden. Das schwör ich dir, Acki!"

Und Barny holt noch zwei kurze Schnäpse aus der Tasche raus und guckt mich mit großen Augen an: „Ei, guck mal einer an, was sich hier noch in meiner Jacke versteckt hat! Diese bösen kleinen Schnäpse wollten sich einfach verstecken! Das macht man aber nicht, ihr Schnäpse!" Und er schraubt die Fläschchen auf und gibt mir einen rüber und er sagt: „Auf uns, Acki!" Und wir trinken die Kümmerlinge, und ich schüttel mich und antworte: „Auf uns, Barny! Auf uns."

Ich komme vom Brötchenholen nach Hause. Außerdem habe ich drei HSV-Eintrittskarten dabei. Inken hat sich das lange gewünscht, endlich mal zu sehen, was da so abgeht, wenn Barny und ich im Stadion Quatsch machen und irgendwann hab ich mich halt breitschlagen lassen und nun komme ich also gerade zur Tür hereinspaziert und wedele mit den Karten herum, da sehe ich Inken im Wohnzimmer sitzen, wo sie doch eigentlich in der Küche zu sitzen und frischen Bohnenkaffee für ihren geliebten Acki aufzubrühen hat.

Inken weint und schluchzt und ich frage mich, was sie so weint und schluchzt und ich will einen dummen Spruch machen, doch mein Herz ist schneller und fällt ganz weit runter in die Hose rein, und ich will eigentlich gar nicht wissen, was jetzt kommt, weil, das kann ganz sicher nichts Gutes sein, was da kommt und ich bleibe stehen und lege die Karten und die Brötchen beiseite und tue meine Hände in die Hüften und ich gucke ganz fest zu Inken rüber und die weint und schluchzt immer mehr und doller und mir wird langsam schwindelig.

Inken schaut mit verheulten Augen zu mir rüber und sagt: „Barny ist tot. Bei einem Autounfall."

Ich stehe in unserer neuen Wohnung in Hamburg.

Ich gucke ein bisschen herum und ich fummele nervös an der Unterlippe. Ich atme ein bisschen tiefer ein als sonst.

Ich atme ein bisschen tiefer aus als sonst.

Ich gucke zu Inken rüber.

Die guckt zu mir rüber.

Meine Unterlippe fängt an zu zittern.

Ich setze mich aufs Sofa. Ich muss ein wenig lachen, weil ich daran denken muss, wie Barny beim letzten HSV-Heimspiel zu mir sagte: „Und wenn wir alt und grau sind, dann sitzen wir hier immer noch und trinken heimlich Schnaps und reden über Frauen und verfluchen HSV. Das schwör ich dir, Acki!"

Und ich muss wieder lächeln. „Auf uns, Barny."

Ich lege mich ins Bett und will überhaupt gar nichts mehr. Außer weinen.

Barny ist tot

HSV hat nicht nur einen neuen Trainer, sondern ab dem Spiel gegen Hertha BSC auch einen Fan weniger im Stadion und schon beim Frühstück betrinke ich mich vor lauter Trauer wie wild und Inken bietet an, mit mir zu kommen und auch wie wild zu trinken. Aber ich möchte lieber alleine trinken heute und irgendwie Tschüs zu Barny sagen, heute. Keine Ahnung, was das bringen soll, aber mir fällt nichts Besseres ein. Ist ja oft so.

Maik wil erst mal gar nicht mehr zum HSV, so traurig ist er. Im Bahnhof Altona gehe ich also alleine runter zur S-Bahn, wo ich Barny noch vor zwei Wochen abgeholt habe. Ich tue so, als wäre er noch da. Ich spreche leise mit ihm. Wir reden über Frauen. Wir trinken Kümmerlinge. Einige mehr als sonst. Und ich singe immer wieder, leise vor mich hin: „Pfeif dat Dingens ab, wir ham gewonnen. Pfeif dat Dingens ab, 2:0!" Das kommt aus so einer Radioshow, die heißt „Stenkelfeld" und die fand Barny 1a und das Lied haben wir eigentlich immer gesungen. Manchmal auch, wenn das Spiel man gerade fünf Minuten in Gang war.

HSV gewinnt heute mit 4:0. Als wenn sie das extra für mich tun, wo ich ja überhaupt nichts mitbekomme, weil ich nur heule und besoffen bin. Die Fans, die neben mir sitzen, bekommen sofort mit, wo der Hase läuft, als ich einen Strauß Blumen auf Barny seinen Platz werfe und mich schluchzend auf meinen setze. Immer wieder kommt jemand mit einem Bier vorbei und stellt mir das Bier hin und sagt mir irgendwas, was ich nicht verstehe. Ich habe Kopfhörer auf und höre Musik. Und ich trinke und trinke und heule und heule und ich denke: Das Leben ist manchmal wirklich ein großer Sack voller schwarzer Schweinescheiße.

Nach Barnys Tod

Kapitel Sechs

Gegen Cottbus nehme ich Paul mit ins Stadion. Ich habe ja jetzt eine Dauerkarte über und ertrage es nicht, ständig alleine ins Stadion zu gehen und rumzuheulen und Blumen auf Barnys Platz zu werfen.

Ich denke jeden Tag an Barny. Ich muss gucken, dass ich nicht verrückt werde. Wenn ich jetzt nämlich nur noch rumheule und Blumen kaufe, dann würde mir Barny, wenn er noch leben würde, voll eins in die Fresse hauen. Soviel ist mal sicher.

Paul mag ich ja mittlerweile schrecklich gerne, nicht nur weil er manchmal ganz vergisst, dass er eigentlich St. Pauli-Fan ist und dann ganz komische Sachen macht, die aber eigentlich so super wie nur was sind.

Es muss sein riesengroßes Herz sein, das dafür sorgt, dass er sich heute nicht nur klaglos neben mich in den Volkspark setzt, sondern auch die Begrüßung meines Platznachbarn („Setz dich ruhig. Hauptsache, du bist kein St. Pauli-Fan.") mit einem empörten „Um Gottes Willen!" beantwortet. Das nenne ich mal Freundschaft bis zur Selbstaufgabe. Und das finde ich so was von geil!

Und genau das brauche ich im Moment. Barny fehlt mir wie Sau und manchmal denke ich, dass das alles so scheiße ist, dass ich gar nicht mehr zum Fußball gehen will, sondern nur noch schön zu Hause sitzen und saufen und im Selbstmitleid baden. Das konnte ich früher schon so gut. So was verlernt man nicht.

Aber Inken und Mama und vor allem Barny würden mir was husten und das Leben geht weiter und manchmal ist es ganz gut, zum Beispiel, wenn HSV 5:2 gewinnt und das ist für Paul bestimmt auch die Krönung eines tollen Tages. Ich werde ihn fragen, ob er immer mitkommen will. Ich brauche beim Fußball einfach jemanden an meiner Seite. Wer soll denn sonst den Schnaps ins Stadion reinschmuggeln?

Inken kann das nicht mehr mit ansehen. HSV spielt heute gegen 1860 München und sie kommt mit ins Stadion, weil, sie meint, sie kann das nicht mehr verantworten und mit angucken, dass ich mir bei jedem HSV-Heimspiel die Rübe mit Alkohol wegzimmer und lauthals „Pfeif dat Dingens ab, wir ham gewonnen! Pfeif dat Dingens ab, 2:0!" singend nach Hause komme und mich gleich ins Bett lege und weder „Bah!" noch „Buh!" sagen kann.

Schon beim Frühstück rolle ich mit den Augen, weil, Inken hat mir extra gesagt, ich soll ein paar Brötchen extra mitbringen und, ich hätte es wissen müssen, sie schmiert uns ein paar Pausenbrote. „Für die Halbzeitpause!", sagt sie und ich frag mich manchmal wirklich, womit ich das verdient habe. Vor wenigen Monaten noch Schnaps und Bier, jetzt Brötchen mit Salami und Käse.

„Was hat dich bloß so ruiniert?" So heißt ein Lied der Hamburger Band ‚Die Sterne', die ich total beschissen finde.

Wir machen uns also auf den Weg und ich vermisse so ein bisschen die erste Dose Bier, die ich sonst gleich in der S-Bahn trinke. Und wie wir in Stellingen ankommen, da will ich von der S-Bahn gleich Richtung Stadion-Shuttle gehen, weil, das bisschen, das wir laufen könnten, können wir ja auch mit dem Bus fahren. Hat Barny immer gesagt.

Inken aber nun wieder: „Och nö! Lass uns doch zu Fuß gehen!"

Ich verziehe das Gesicht, weil, irgendwie artet das hier noch in Arbeit aus, finde ich. Und wie wir so gehen, da denke ich, dass das mit Fußball und HSV und mir doch vielleicht nicht sein soll. Vielleicht soll ich Fußball sein lassen. Das mit Barny war bestimmt ein Zeichen!

Und wie ich so mit Inken spazieren gehe, da denke ich darüber nach, was man sonst so alles in Hamburg am Samstagnachmittag anstellen kann. Läuft eigentlich noch ‚1, 2 oder 3' im Fernsehen? Das fand ich doch früher mal so gut!

Wir gehen ins Stadion rein und setzen uns auf unsere Plätze auf der Nordtribüne. Inken ist lange nicht mehr mit gewesen und sofort ist sie Feuer und Flamme. Und was mich am meisten wundert: Sie nervt überhaupt nicht, ist total niedlich und um kurz vor halb vier fragt sie sogar, ob sie ein Bier für mich mitholen soll, weil: „Ich hab Durst. Ich brauch ein Bier!"

Und wie sie so wieder kommt und ich sie schon so die Treppen runtergehen sehe, da denke ich, dass das Leben gar nicht so richtig scheiße ist und ich mich vielleicht ganz einfach mal bemühen sollte, die netten Dinge nicht immer nur zu übersehen.

Und während HSV ein bisschen rumbückelt, aber zwei späte Tore macht und kurz vor Schluss 2:0 führt, da grübel ich noch immer, wie das alles nun weitergehen soll und ich denke immer wieder, dass das eben weitergeht. Nicht mehr, aber auch nicht weniger. Es geht weiter. Ich werde Barny nie vergessen, aber ich gehe eben zum HSV und das wird sich nicht ändern. Ich werde mich mehr um Paul kümmern. Ich werde mich mehr um Maik kümmern. Und ich nehme auch Inken mal wieder ins Stadion mit. Und ich trinke vielleicht manchmal ein paar Bier weniger.

Und wie ich so fast so richtig erwachsen werde, da höre ich Inken neben mir rufen: „Ey Schiri!" Und dann singt sie: „Pfeif dat Dingens ab, wir ham gewonnen! Pfeif dat Dingens ab, 2:0!" Und sie lächelt zu mir rüber und ich lache laut los und ich umarme Inken und ich bin sicher: Barny dreht sich vor Freude im Grab um. Und ein Spieler von 1860 bolzt aufs HSV-Tor, und es wird nichts, und Inken jubelt: „Ha, voll die Latte, voll die Latte, die Nulpe." Und ich find das so super wie nur was, dass 1860 nicht trifft und Inken sich so freut und umarme sie. Und wie wir gerade in der allerletzten Sekunde so richtig laut „Pfeif dat Dingens ab" singen, schießt 1860 noch mal aufs HSV-Tor und: Es steht 2:1. So ist das Leben eben.

Das Leben kann schon ganz schön hart sein. Wer weiß das besser als ich? Und ich bin kurz davor, mal wieder rumzufluchen, auf das Leben, auf den Krebs, auf den lieben Gott und den Fußballgott und diese ewigen Geburtstage, die nichts weiter tun, als einen älter zu machen und auf den HSV, der nichts weiter tut, als diesen Vorgang auch noch zu beschleunigen, da steht Inken vor dem Bett und singt mir Geburtstagslieder der Kategorie „Wie schön, dass du geboren bist, wir hätten dich sonst sehr vermisst!" und sie hat außerdem auch noch ein Geschenk in der Hand. Wir schmusen ein bisschen rum und dann sagt Inken, dass ich das Geschenk doch mal aufmachen soll. Und ich mache das auf und da sehe ich, dass Inken mir einen HSV-Schal gestrickt hat.

Ein Schal, schön in blau, weiß und schwarz. „Old school", sagt Inken. Und ich falle vor Glück kurz in Ohnmacht. Wie super ist das denn bitte? Ich hatte ja früher schon so ein Ding von Oma gestrickt bekommen. Das hab ich dann aber Barny mit ins Grab gegeben, damit der unter der Erde ordentlich HSV-Krawall machen kann und nun habe ich endlich wieder so einen richtigen Alte-Schule-HSV-Schal, mit dem ich in der Kurve angeben kann.

Und notfalls auch im Winter mal auf dem Weg ins Theater. Wenn wir überhaupt mal ins Theater gehen würden. Aber, wenn wir gehen, dann kann ich mit dem Schal angeben. Soviel ist jetzt schon mal sicher!

Und was auch noch sicher ist: Inken darf gerne die Mutter meiner Söhne Uwe, Tull, Charly, Kuno, Ernst, Manfred und

Horst werden und dann kann sie mal sehen, wie sie mit dem ganzen Stricken hinterher kommt. Ich bin so glücklich.

Und mein Geburtstag ist ein richtig schöner Tag, mit Geburtstagskuchen und kleinen Frikadellen von Mama, die auch extra von Nordstrand gekommen ist, und leckeren Sahneschnitten, die Papa vom Altonaer Bahnhof mitgebracht hat.

Inken und Acki und Papa und Mama unter einem Dach. Da denkt man doch eigentlich, das geht nicht. Aber heute geht das. Zur Feier des Tages und auch ein bisschen wegen Papa seiner Krankheit, glaub ich. Und wie wir so frischen Bohnenkaffee trinken, da erzählt Papa so ein bisschen von den Untersuchungen, zu denen er im Moment ständig hinmuss und er sagt auch gleich, was er davon hält: „Die können mich echt mal am Arsch lecken mit ihrem Krebs."

Ich fluche mit, weil ich nicht weiß, wie ich sonst damit umgehen soll, dass Papa Krebs hat. Papa in den Arm nehmen und ihn trösten? Das ist nun echt nicht so meine Stärke.

Ich glaube, Papa versteht mich, wenn ich sage: „Und mich können die auch mal am Arsch lecken mit deinem Krebs!" Und Papa lächelt mich an und wischt mir so über das Haar, wie er das früher schon immer gemacht hat, wenn wir uns gut verstanden haben.

Und wir lachen und Mama guckt ein bisschen genervt, wie sie es immer tut, wenn man sich in ihrer Gegenwart nicht anständig auszudrücken weiß. Und genauso hat sie früher auch schon immer geguckt, wenn Papa und ich uns verstanden haben und „Kraftausdrücke" benutzt haben.

Der Tag ist also so super wie nur was, aber als ich am späten Nachmittag Papa zur Bahn gebracht habe und Mama sich mit dem Auto auf den Weg gemacht hat – so gut, dass Mama Papa mit dem Auto mitgenommen hätte, ist die Stimmung dann doch nicht gewesen –, da machen Inken und ich uns das noch gemütlich und Inken meint, dass das ja gar nicht geht, dass ich meinen Geburtstag nicht richtig groß feiern tu.

Ich frage sie, warum ihr das denn so am Herzen liegt und sie grinst breit und sagt: „Och, nur so …"

Und ich sage: „Nee, jetzt sag mal!"

Und Inken sagt: „Na, ich meine nur, du solltest das jetzt noch voll auskosten mit Partymachen und so …"

Und ich so: „Wie jetzt? Willst du mir das in Zukunft etwa verbieten, oder was?!"

Ich werde schon so richtig sauer, weil ich denke, dass Inken mal wieder ein strengeres Regiment bei uns im Hause einführen will und sage: „Das kannst du voll vergessen, Alte! Glaub ja nicht, dass ich HSV noch mal sausen lasse und so!"

Inken rollt ein bisschen mit den Augen und sagt: „Acki! Ich bin schwanger."

Inken ist also schwanger.

Und ich so: „Von wem?"

Und sie so: „Na, von dir!"

Und ich rufe: „Schönes Ding! Ich kann's eben!"

Und ich mache die Säge und recke meinen Zeigefinger in die Luft und mache eine Faust und rufe: „Geht doch!" und gleich rufe ich Paul an, was der davon hält, mit mir ein Fest zu feiern und Paul ist von der Idee, so ein Fest so richtig Michael-Ammer-mäßig aufzuziehen und auch Mädchen einzuladen, richtig begeistert. Er sagt: „Ich bin begeistert, Acki!"

Und ich sage: „Na, dann wollen wir mal so richtig Bambule machen!"

Und ich erzähle ihm, dass ich Papa werde und Paul dreht voll durch, vor lauter Freude. Manchmal bin ich richtig erschüttert, wie super Paul eigentlich ist.

Wie hab ich das nur so lang ohne ihn ausgehalten?

Paul

Und so geben wir am Samstag in einer abrissreifen Bude, Nähe Sternschanze, ein Fest, das sich gewaschen hat, ganz im Gegensatz zu einigen Gästen.

St. Pauli spielt heute zu Hause und so wimmelt es in der Laube, in der wir feiern, vor lauter St. Pauli-Idioten. Böse schaue ich zu Paul rüber und denke leise vor mich hin: „Lauter Idioten hier!"

Paul lächelt und ruft mir zu: „Ich habe auch ein paar St. Pauli-Kollegen Bescheid gesagt! Super, oder?"

Ich frage mich, warum ich meinen HSV-„Kollegen", die ich noch so gut vom Freundschaftsspiel am Millerntor aus der Polizeiwanne kenne, nicht auch Bescheid gesagt hab und grinse so doll, dass ich kurz vor einer Kieferlähmung stehe. „1a!" rufe ich Paul rüber und ich mache dabei den Daumen nach oben. Ganz genau so, wie man macht, wenn etwas so richtig „super" ist.

Meine ständigen Kevin Keegan „Head over heels"- Einspielungen schaffen das nicht, den Saal zu räumen. Im Gegenteil: Die St. Pauli-Fans schütteln ihre zerzausten Haare zur alten HSV-Legende, als ob die das extra täten. Wie kann man nur so ignorant sein, denke ich und bin so was von beleidigt, dass ich mal an die frische Luft muss. Hat mir Mama schon früher immer geraten. „Stink dich lieber mal aus, Acki!"

Und draußen kratze ich an sämtlichen Fahrrädern die St. Pauli-Aufkleber ab. Wie gut, dass ich mir seit der Zeit mit den Knibbelbildern in den Cola-Flaschen die Fingernägel nicht mehr geschnitten habe, zumindest so ungefähr.

Als ich wieder reinkomme, bin ich aber immer noch stinkig und gieße den Rest Korn heimlich in Paul seine halbleere Astra-Dose, die er neben mir hingestellt und gesagt hat: „Kannst du mal kurz drauf aufpassen? Ich muss mal auf Klo!"

Und ich hab, na klaro, „Klaro!“ gesagt und dann den Korn reingemacht. So nett Paul auch sein mag. Irgendwo muss auch mal Schluss sein.

Am nächsten Tag ruft mich Paul gleich morgens an. Ihm sei jetzt noch „speiübel“, weil, die Biere haben zum Schluss doch „'n büschen komisch“ geschmeckt. Er sei aber auch so schon ziemlich angeschickert gewesen und von daher will er nur noch mal sagen, dass ich der Größte für ihn bin und überhaupt: „Acki, ich finde das gut, dass da gestern St. Pauli- und HSV-Fans gemeinsam gefeiert haben.“

Und ich sage „ja, ja …“ und tue so, als ob da irgendwas in der Leitung wäre und frage „Paul? Paul? Bist du noch dran?“ und lege auf.

So was kann ich ja ab: Erst das ganze Bier, dann auch noch den Korn wegsaufen und dann auch noch auf große Fanfreundschaft machen. Ganz ehrlich: Ich weiß, dass ich mich manchmal ein bisschen merkwürdig verhalte, aber was zu viel ist, ist zu viel.

Und wenn Paul nicht kapieren will, dass das so nicht geht, dann muss ich mal andere Seiten aufziehen hier!

Paul traurig

Noch einen Tag später klingelt das Telefon schon wieder. „Ja! Was denn nun noch?!“ rufe ich in das Telefon, und: „Hat man denn nie seine Ruhe?!“ Es ist schon wieder Paul und er sagt: „Du glaubst nicht, was mir passiert ist! Mir ist der St. Pauli-Aufkleber von meinem Fahrrad abgekratzt worden. Was sind das bloß für Menschen, die das tun, Acki?“, fragt er traurig. Ich bin erstaunt, hatte ich doch nicht gedacht, dass ich mich auch am Fahrrad eines guten Freundes vergriffen hab: „Du bist mit dem Fahrrad zur Party gefahren? Ich dachte du warst zu Fuß da!“

„Nö, wieso?"

„Och, nur so ..."

Ich versichere ihm, den Schuldigen so schnell wie möglich ausfindig zu machen: „So ein Schwein, Paul, ich kümmer mich drum! Und das Beste: Ich habe da auch schon einen Verdacht!"

Ich lege auf und schäme mich ein bisschen. Ich sollte mich wirklich mal fragen, wo für mich Freundschaft aufhört.

Inken kriegt mit, dass Paul angerufen hat und fragt: „Na, wie geht Paul das?" Und ich sage: „Och, geht so."

Und Inken fragt noch mal: „Wieso denn das?"

Und ich erzähle ihr das haarklein, wie das gewesen ist, mit den Aufklebern und dem Korn und so.

Das findet Inken überhaupt nicht komisch, was ja vorher klar war. Und ich frage mich: Warum hab ich ihr das überhaupt erzählt? Manchmal sollte ich echt mal nachdenken, bevor ich was sage. Man verdirbt sich das mit den nettesten Menschen, wenn man zu ehrlich ist.

Und Inken guckt mich voller Verachtung an und sagt: „Acki, manchmal bist du ein durchtriebenes Schwein!"

Ich gucke reumütig zu Inken rüber: „Ja, vielleicht hast du recht."

Und Inken flucht: „Und das soll der Vater meines Kindes werden ..."

Und ich guck aus dem Fenster und denk so leise vor mich hin: Vielleicht bin ich ein durchtriebenes Schwein, Inken. Vielleicht werde ich kein guter Vater sein. O.K. Aber wenigstens bin ich kein St. Pauli-Fan!

Wir haben jetzt so lange gewartet und nun ist das soweit: Inken ist Mama geworden. Und was haben wir bitte in den letzten Monaten gerätselt: Wird's ein Mädchen oder wird's ein Junge? Obwohl, für mich ist das ja sofort klar gewesen: „Das wird ein Junge! So ein echtes Fußball-Raubein!"

Und so ein Fußball-Raubein sollte – na klaro – einen Namen haben, der auf den Plätzen der Stadt Angst und Schrecken verbreitet. „Inken, weißt du was? Wenn wir das Kind Barnaby nennen, dann heißt der bei den anderen gleich Barny und wird der Obercoolste von allen, ganz bestimmt!"

„Acki, tu mir einen Gefallen und mach mal halblang, hier!"

O.K. O.K. … Also Horst, wie Horst Hrubesch! Oder Uwe. Ich hab also neulich mal wieder zu Inken gesagt: „Inken, das wäre fast noch geiler! Wegen Uwe Seeler!"

Die aber nun wieder: „Abwarten, Acki. Vielleicht wird's ja auch ein Mädchen."

Na gut. „Wie wär's denn mit Jimmy, wie Jimmy Hartwig?"

Und wieder: Keine Reaktion.

Auch Charly (Dörfel), Heini (Ziegenspeck), Jupp (Posipal), Manni (Kaltz), Wolfram (Wuttke) und Rodolfo Esteban (Cardoso) ernten nur wenig Applaus und „Manno", hab ich schon leise gedacht, „irgendein HSV-Spieler muss doch einen passenden Namen haben!" So einen wie … „Felix Magath!"

Aber mit Inken ist kein Geschäft zu machen: „Blöder Name. Und ein Bayern-Trainer kommt mir sowieso nicht ins Haus! Außerdem wird's bestimmt ein Mädchen!"

Und ich: „Ja ja. Dann eben Hermann, wie Hermann Rieger. Oder Rudi, wegen Rudi Kargus!"

Stille und ein leichtes Augenverdrehen. Und dann werden unverständlicherweise auch noch Valdas (Ivanauskas), Nando, Yordan (Letchkov) und Heinz-Josef (Koitka) abgelehnt. Von solchen Trendnamen wie Harald (Spörl) oder Mladen (Pralija) ganz zu schweigen!

Logisch, dass ich da irgendwann die Faxen dicke hab: „Jetzt habe ich die Faxen aber dicke, Inken! Dann wird das eben ein Mädchen!"

Und ich hab ein bisschen die beleidigte Leberwurst gespielt und mich an das kleine Mädchen erinnert, das vor Jahren einmal rotzfrech in der S-Bahn zu mir meinte, als ich da so mit einem Fußball rumsaß: „Fußball buh!“

Aber, es hilft ja alles nichts, mittlerweile ist das Baby da und, Mutti hat's mal wieder gewusst, es ist tatsächlich ein Mädchen: Marlene!

Toller Name für eine Innenverteidigerin.

Inken und ich und Marlene

Ich hab Inken jetzt ungefähr sechsmal täglich gesagt, dass das „doch nun langsam einmal losgehen muss“, mit Marlene-zum-Fußball-Mitnehmen. „Damit die gar nicht erst auf dumme Gedanken kommt, Inken!“

Die ist aber, na klaro, so ein alter Besen, wie die manchmal ist, erstmal alles andere als begeistert gewesen: „Du mit deinem blöden Fußball!“ Ich halte zwar fachkundig dagegen („Du mit deinem blöden Stillen und Wickeln!“), kann Inken damit aber lange Zeit nicht so richtig überzeugen. Da muss ich also andere Geschütze auffahren.

Dank meiner 1a-Kontakte komme ich günstig an zwei VIP-Karten für den Europacup-Oberknaller („Inken, UI-Cup ist fast so was wie Champions League!“) gegen CF Villarreal ran. Und, was soll Papa sagen? Beim Gedanken an Haifischflossengratinee und Asti Spumante halbtrocken ist auch die besorgteste Mama weichgekocht. Groß ist die Freude und „Fußball! Fußball!“ krakeele ich laut durch die Wohnung, als Inken sagt: „Na gut. Meinetwegen.“

Ich rufe noch schnell bei Paul und bei Maik an und gebe mächtig an, dass wir man VIP-Karten haben und die beiden finden das super, dass Marlene schon mit ins Stadion kommt und schon geht das los zum Volkspark.

Die Vorfreude aufs Spiel ist groß, schließlich soll heute Abend nicht nur Marlenes, sondern auch für den ganzen Verein eine neue, viel superere HSV-Ära beginnen.

Das ist für mich so sicher wie nur was und richtig chefmäßig fahren wir zuerst mal auf den Sonderparkplatz gleich beim Stadion rauf.

Am Eingang, klaro, da protze ich ordentlich und extralaut – damit's auch wirklich alle mitkriegen – rum: „Lassen Sie uns bitte mal kurz durch, ja? Wir haben ein Baby und V-I-P K-a-r-t-e-n!" Und die anderen Zuschauer machen vielleicht Augen! So „Guckt mal, die haben VIP-Karten!"- mäßig.

Kaum drin in der guten Stube, nehmen wir unsere Plätze ein. Direkt neben dem Boss einer großen deutschen TV-Zeitschrift, versteht sich. „Für euch beide nur das Beste!", flüster ich Inken in ihr Ohr rein und denk so bei mir: „Acki, alter Knabe. Du hast es wirklich geschafft!"

Und wie wir so vom Büffet nehmen und mit den Jungs und Mädels aus der Hamburger Wirtschaftsbranche etwas rumpalavern, da ist alles tutti mit Marlene. Die ist schön ruhig und nur am Pennen und „Hauptsache, sie verschläft nicht den HSV-Sieg!", haue ich laut die umstehenden HSV-Offiziellen an. Das darf ich natürlich. Schließlich habe ich ja VIP-Karten!

Und alles ist super, bis das Spiel anfängt. Wir rufen also schnell ein letztes Mal „Cin Cin!" zum Bürgermeister und den Stadträten. Und dann raus aus dem VIP-Raum auf die VIP-Tribüne. Und dann steht da so eine Figur und meint: „Hier haben Sie nichts zu suchen, junger Mann!"

Donnerlittchen, denke ich und beginne, dezent auf unsere VIP-Karten hinzuweisen: „Psst, Meister! Schau mal, was ich hier habe!".

Inken hat aber gleich geschnallt, wo der Hase läuft: „Acki-Baby, wir haben hier nichts verloren!" Und auf der Karte steht doch tatsächlich, und ich hab das in echt nicht gesehen: „Osttribüne. Block 1." Das steht da schwarz auf hellblau.

„Beim Fußvolk. Na toll!", raunze ich in Richtung Ordner. Natürlich leise. Man will ja nicht undankbar erscheinen.

Wir also raus auf die Tribüne und auf dem Absatz gleich kehrt Marsch gemacht. Irgendein DJ Fotzi-Verschnitt bedröhnt nämlich grad so dermaßen die Tribüne, dass es Inken als treu sorgender Mutter heiß und kalt zugleich wird: „Ich muss hier raus!"

Der neue HSV-„Medienpartner" hat offensichtlich noch ein paar Dezibel und „bpm" auf den ohnehin schon urgewaltigen Sound des Vorgängers draufgepackt, so dass das selbst in meinen Manowar-erprobten Ohren ordentlich „DING DONG" macht.

Bei aller Enttäuschung, dass das mit Marlenes erstem HSV-Besuch nicht klappen will: Als verantwortungsbewusster Familienvater zeige ich n-a-t-ü-r-l-i-c-h Verständnis für meine sorgenvolle Freundin und nehme meine geliebte Inken in den Arm und sage: „Hier hast du die Autoschlüssel, Schatz. Wir sehen uns zu Hause."

Dabei bin ich etwas kurz angebunden, versteht sich, schließlich soll in jedem Moment das Spiel angepfiffen werden und ich muss noch sehen, dass ich Maik auf der Nordtribüne finde.

Und zusammen gucken wir das Spiel und das ist mal wieder ein absoluter HSV-Krötenkick und endet 0:1.

Ich weine ein bisschen, weil sofort klar ist, dass es mal wieder nichts wird mit „HSV wird Weltmeister!" Und nebenbei erinnere ich mich an mein erstes HSV-Spiel, wie ich mit Mama und mit Papa und mit Ute da hin bin und wie ich meine Fahne geschwenkt hab und wie Papa mit dem HSV und Mama mit Papa geschimpft hat und ich denke an das öde Spiel damals und ich denke so bei mir: „Wenigstens ist der kleinen Marlene so ein Start erspart geblieben." Und kaum zu Hause angekommen, nimmt Inken mir dann auch noch die letzte Hoffnung auf eine bald kommende, neue, erfolgreichere HSV-Ära.

„Bin da, wer noch?" komme ich nämlich noch gut gelaunt nach dem Spiel nach Hause. „Ist ja schließlich nur ein Spiel!" habe ich mir auf dem Weg nämlich noch schnell eingeredet.

Doch von Inken-Mama keine Antwort. Die ist immer noch ganz fertig, weil das so laut im Stadion gewesen ist. Und sowieso: „Alles Scheiße! Marlene geht in den nächsten Jahren ganz sicher nicht zum HSV, darauf kannst du Gift nehmen!"

Würde mich nicht wundern, wenn ich ewig darauf warten müsste, denn, wie sagen meine Verwandten beim Anblick von Marlene immer: „Das scheint ein ganz plietsches Mädchen zu sein. Die kommt ja so gar nicht nach dir, Acki!"

Marlene

Inken lässt sich partout nicht umstimmen. „Tanja hat Geburtstag. Da fahre ich hin." Sie hat das schon vor ein paar Tagen angekündigt, aber so richtig ernst genommen hab ich das bis jetzt nicht.

Schließlich spielt der HSV morgen in Hannover, und es ist der vorletzte Spieltag in der Bundesliga, und es geht um alles oder nichts, wie man so schön sagt.

„Inken, tu mir einen Gefallen! HSV spielt da in Hannover und das ist der vorletzte Spieltag und es geht um alles oder nichts!"

Die ganze Saison reduziert auf eineinhalb Stunden Fußball, in denen der HSV ein Tor mehr als Hannover braucht und dann ist alles super und ich habe Karten für das längst ausverkaufte Spiel und war mir bis gerade eben so was von sicher, dass ich dabei sein würde. Bis gerade eben.

Inken schaut ein bisschen zerknirscht zu mir rüber: „Was willst du? Dass ich zu Hause bleibe, damit du zum Fußball fahren kannst?"

Ich bin innerlich am Jubeln. Ich habe sie soweit! Hannover, ich komme!

„Nein, um Gottes Willen! Du sollst nach Flensburg fahren. Schließlich hat Tanja ja nur einmal im Jahr Geburtstag. Ich dachte bloß …"

So oder so ähnlich argumentiert meine Mutter in ähnlichen Situationen auch immer.

Und ein bisschen, denke ich so bei mir, hilft das ja auch: Schön erwachsen und kompromissbereit tun, hinterrücks vielleicht so ein bisschen auf die Mitleidsschiene rauf und sie damit knacken.

„Ich dachte bloß, es müsse doch jemanden geben, der auf Marlene aufpasst. Nur für ein paar Stunden."

Ich dachte bloß, es müsste doch, vielleicht, eigentlich …

Die letzten Tage habe ich damit verbracht, Möglichkeiten auszuloten, es irgendwie doch noch nach Hannover zu schaffen.

Meine Schwester Ute, endlich wieder zurück aus Wien, habe ich angerufen: „Wir sind über das Wochenende verreist." Meinen Freund Paul habe ich angefleht: „Tut mir leid, Digger. Wir besuchen übers Pfingstwochenende meine Eltern."

Und unsere Haus- und Hofbabysitterin aus dem Nachbarhaus? Weg! Ohne Erlaubnis, ohne Entschuldigung weg. Nicht da. Keine Chance.

Gefühlte 20.000 HSV-Fans in Hannover, gleich um die Ecke, HSV kann seit ewigen Zeiten mal wieder in den Europapokal rein, Maik wartet quasi vor dem Haus mit laufendem Motor, lauter Hardrock-Musik und Dosenbier und in meiner Hosentasche stecken 1a-Tribünenkarten. Aber ich werde zu Hause vor dem Radio hängen oder, wenn ich Glück habe und Inken davon nichts mitkriegt, vor einem Schwarz-Weiß-Fernseher in irgendeiner verrauchten Eckkneipe, wie so ein dummer Schuljunge und mir bleibt nichts anderes übrig, als die Daumen zu drücken und vor lauter Nervosität verrückt zu werden und mich nebenbei auch noch komplett zusammenzureißen, weil ich ja auf meine Tochter aufpassen muss und sie keinen Schock fürs Leben bekommen soll.

Maik hat mir das vorher gesagt: „Acki, mit in Ruhe Fußball gucken und so, das kannst du dir ab sofort man getrost abschminken! Getrost abschminken kannst du dir das!" Und ich hab fleißig mit dem Kopf genickt und verständnisvoll und überhaupt so getan, als sei ich bereit für die anstehenden Aufgaben, damit die auch ja bald aufhören, mit ihrem klugen Herumgerede, was ich mir alles hinter die Ohren schreiben müsse für die so dunklen Monate und Jahre, die vor mir liegen würden.

Ich habe Marlene im Arm, und Marlene ist nun knapp elf Monate alt und ich kann mal wieder gar nicht klar denken, weil, soviel steht ja nun mal fest: Marlene ist die mit Abstand superste Erfindung seit HSV. Da können sich meine Freunde mal getrost ihre guten Ratschläge an den Hut stecken. Und, nicht nach Hannover können hin und nicht nach Hannover können her: Wenn ich schon einmal dabei bin: Mit ihr die Zeit zu verbringen ist mindestens ebenso gut, wie meine Zeit mit guten Freunden und Fußball zu verbringen.

Sollen meine Freunde man nicht meinen, dass ich ohne sie und Fußball und HSV nicht auch Spaß haben könnte. Und überhaupt: Wer sagt denn, dass HSV in Hannover gewinnt? Die verlieren eh. Das tun sie gerne mal, wenn ich glaube, dass sie gewinnen. Manchmal hab ich sogar schon gedacht, dass die das extra tun, um mich und meine Geduld zu prüfen. So wie ein großer Masterplan: Du musst tausend und eine Enttäuschung ertragen, um erlöst zu werden.

Wovon auch immer.

Und was auch immer dann als Belohnung kommen mag: Endlich ein Leben ohne Fußball? Die Deutsche Meisterschaft in Ewigkeit? Sei's drum. Wäre nicht das erste Mal in den letzten Jahren, dass der HSV am Ende den Kürzeren zieht.

Eigentlich ist es sogar immer so, dass der HSV so groß herum tut und alle rufen schon juppheidi und juppheida und dann, kurz vor Schluss, wird kräftig abgekackt und das Ende vom Lied: Platz 8-10, oder so.

Diesmal bin ich schlauer als all die anderen HSV-Doofies, die dem HSV wie ferngesteuert hinterherjuckeln und immer noch daran glauben, dass die elf Rumpelfüße da unten auf dem Platz alles für den HSV geben. Die sind ja so was von naiv. Wie gut, dass ich da so ein bisschen was von Papa habe, der diesem ganzen Fußballschwindel nicht auf den Leim gegangen ist.

Den HSV-Fans, die nicht wie ich schon vorher den Durchblick haben, kann ich schön aufs Sonntagmorgenbrötchen schmieren: „Ich hab das ja vorher gewusst und bin gleich schön gemütlich zu Hause geblieben und hab mir das am Samstag mal ohne Fußball und HSV so richtig papamäßig bequem gemacht. Ich hab Mama auf die Reise geschickt, die sollte sich mit ihren Freundinnen mal einen richtig schönen Tag ohne ihre besseren Hälften machen und ich hab dann schön den Trainingsanzug angezogen und bin in die Pantoffeln reingeschlüpft und den ganzen Tag nicht vor der Tür gewesen. Hab ein bisschen mit dem Töchterchen gespielt, während ihr ganzen Idioten euch den Samstag mit Fußball und Bier und Zug- oder Autofahren versaut habt!

Ich glaub, ich hab das jetzt geschnallt. Das Leben ist mehr als nur HSV. Das Leben ist gut ohne Fußball und es gibt definitiv Wichtigeres, als nach Hannover hinzufahren und neunzig Minuten rumsitzen und sich rumärgern, weil überbezahlte

Männer in kurzen Hosen versuchen, einen Lederball in ein Tor reinzuschießen.

Ich sollte sehen, dass ich mir in Zukunft meine Zeit wieder mit sinnvollem Kram vertreibe, statt immer nur mit Fußball und HSV. Das hat man mir ja sowieso schon ein paar Mal öfter aufs Brötchen geschmiert, von wegen: „Wenn du nicht immer nur HSV im Kopf hättest, dann würde auch was aus dir werden, Acki!“ Weil: „Du bist doch gar nicht so dösig, wie du immer tust!“

Andererseits: Man soll die Hoffnung doch nie aufgeben. Manchmal laufen die Dinge eben doch anders, als man meint. Das Mädchen, das so wunderschön ist, dreht sich tatsächlich nach einem um – und schwuppsdiwupps war Inken meine Freundin.

Der Tag, von dem man glaubte, dass der also so was von beschissen würde, wird super und HSV gewinnt gegen Bayern. Aber manchmal läuft es eben noch viel schlimmer, als man vorher gedacht hätte. Man geht ganz naiv ran an einen Tag und denkt an nichts Böses und dann stirbt der beste Freund beim Autofahren oder der Papa an Krebs.

Also: Vorsicht ist die Mutter der Porzellankiste! Der Fußballgott, wenn es ihn denn gibt, ist kein besonders großer HSV-Fan. Nie gewesen. Ich bleib schön zu Hause und verschwende keine Hoffnung auf etwas, auf das ich eh keinen Einfluss hab.

Das Motto für heute lautet: Trainingsjacke an und um Marlene kümmern. Die macht mir wenigstens keinen Kummer!

Und noch mal andererseits – und da können sich die ganzen Weibers auf der Welt mal gemütlich auf den Kopf stellen: Fußball und wir Männer, wir gehören zusammen. Und so bleibt das. Und so war das auch schon immer. Und genau da liegt doch der Hase im Pfeffer begraben: Männer brauchen ganz einfach Fußball. Fußball ist treu. Fußball macht Spaß. Fußball hält gesund. Fußball hört einem zu und erzählt einem die allertollsten Geschichten. Kurz: Fußball ist gut zu einem.

Manchmal.

Und neben Fußball brauchen Männer Freunde.

Am besten Freunde, mit denen sie zum Fußball fahren und Bier trinken können. So einfach muss das Leben ganz einfach auch ab und zu mal sein dürfen. Und wenn ich mir das richtig überlege, kann es doch eigentlich gar nicht angehen, dass Maik alleine nach Hannover fahren soll.

E**s ist jetzt Freitagabend** und irgendwie glaube ich immer noch daran, dass ich noch nach Hannover komme. Bisher ist das doch immer noch irgendwie gut gegangen, wenn ich irgendwo hin wollte oder irgendwas erreichen musste und es eigentlich ganz schlecht ausgesehen hat. Warum sollte das eigentlich nicht klappen, mit mir und Hannover und hinkommen und so? Die Lage war schon oft aussichtslos, in den letzten Jahren. Und dann ist es doch immer gut ausgegangen. Acki hat schließlich noch immer seinen Kopf aus der Schlinge gezogen!

Inken ruft mich von unterwegs an. Sie hat meine SMS bekommen, meint sie.

„Ach die!" meine ich.

Die hatte ich ganz vergessen. In der SMS hab ich kräftig rumgejault, dass ich ausflippen könnte, wenn ich nicht zum Fußball komm und ich bin der Einzige von allen, die ich kenne, die zu Hause bleiben müssen und so und wie Inken jetzt mit mir spricht, da hab ich so ein bisschen das Gefühl, dass die SMS nicht so super angekommen ist.

Inken meint nämlich, sie könne auch, wenn ich unbedingt nach Hannover fahren m u s s, sofort nach Hause kommen und auf Marlene aufpassen. Sie sagt, sie versteht mich ja und möchte auch, dass HSV gewinnt und vor allem will sie mir und meinem Glück nicht im Wege stehen: „Du musst doch wissen, was du tust."

Und das hätte sie wohl gerne! Die Frau kämpft mit allen Tricks. Aber darauf falle ich nicht herein. Das hätte sie wohl gerne, dass ich jetzt „Hurra!" rufe und sie nach Hause kommt und auf die kleine Marlene aufpasst und ich nach Hannover fahre und HSV gewinnt und ich feier die ganze Nacht genauso doll, wie Eddie Murphy das mal besungen hat: „Party all the time, party all the time, party all the time!", und sie sitzt zu Hause und wenn ich nach Hause komme, dann macht sie auf beleidigt und ich frage: „Ist was?" und sie sagt: „Och, nix!" und dann stehe ich schön dumm da, mit meinem schlechten Gewissen. Nee nee, mit mir nicht, Baby!

„Du fährst zum Geburtstag, basta!" befehle ich und lege schnell auf. Uiuiui ...

Ich muss nicht zum Fußball fahren. Ich werde mir jetzt erst einmal grundanständig Griespudding kochen und mir das auf dem Sofa gemütlich machen. Die „Sexy Sport Clips" auf DSF laufen noch nicht, also zappe ich ein bisschen durch das wie jeden Freitagabend beschissene Fernsehprogramm und dann ist auch schon der Griespudding fertig und ich denke, ich will so gerne nach Hannover fahren und stelle mir jetzt gerade bildlich vor, wie das morgen läuft, wenn HSV kurz vor Schluss das Siegtor schießt und alle HSV-Fans flippen aus und wir umarmen uns und trinken danach die ganzen Kneipen in Hannover leer und kommen mit dicken Schädeln nach Hause, zu unseren Frauen, die uns allen Bratkartoffeln machen und uns die verkaterte Rübe mit Eisbeuteln kühlen und uns die Brusthaare kraulen und ganz genau hören wollen, wie HSV das gemacht hat, in Hannover.

So muss das Leben sein. So und nicht anders!

Ich fülle mir reichlich Griespudding nach und tue da noch Schokosoße drauf – Nervennahrung – und ich setze mich aufs Sofa und mach DSF an, wo Zweite Liga läuft und ich denke an HSV und an Inken und an so allen möglichen Kram, an den ich manchmal denke, wenn ich über das Leben nachdenke und ich denke: Im Grunde genommen ist das Leben doch einfach. Schön viel Griespudding mit Schokosoße essen, Fußball spielen, mit Freunden über Fußball reden, einem geregelten Job nachgehen, eine Familie haben, die man gut findet, nicht so viel krank sein, nicht so viel Ärger haben, alle ,The-Smiths'-Platten besitzen und jede Woche mindestens ein HSV-Spiel gucken.

Erwarte ich etwa zu viel vom Leben? Ich glaube nicht!

Vom ganzen Griespudding tut mir der Bauch weh und ich finde, dass Inken gut da sein könnte, wie Mama früher, wenn ich zuviel Griespudding gegessen hab und Mama mir den Bauch gerieben hat. Aber Mama ist jetzt Oma und ich bin Papa und Mama ist nicht da und das Baby liegt nebenan – und schreit?

Hab ich da ein Geräusch gehört?

Ist Marlene etwa wach?

Ich steh auf und geh mal rüber, ins Kinderzimmer, um zu gucken, ob auch alles in Ordnung ist. Ich mache die Tür leise auf und Marlene liegt ganz unten in diesem riesigen Bett, zu einem kleinen Knäuel zusammengekrümelt, mit dem Schnuller in der Schnute und der bewegt sich immer für kurze Zeit ein bisschen und dann nicht mehr und dann doch wieder: „Schmatzschmatzschmatz" macht es dann und das sieht so süß aus, dass ich ein kleines bisschen ausrasten könnte.

Und wie sie da so friedlich liegt, da will ich am liebsten das Fenster aufreißen und laut rausbrüllen: „Mannomann, ist meine Tochter vielleicht n-i-e-d-l-i-c-h!" Und dann würde ich sie am liebsten aus dem Bett zerren und sie aufwecken und knuffen und durchrubbeln und – ich gehe leise wieder aus dem Zimmer, mache die Tür zu und denke: Wie schön, dass in meinem Leben alles in Ordnung ist und ich alles habe, was ich brauche.

Jetzt pieschen, waschen und zu Bett, wie Opa immer meinte, wenn Oma meinte, dass Opa nun man besser zu Bett gehen sollte, als Opa noch lebte und als Oma noch lebte, Opa aber schon ein bisschen wunderlich war. Und für Papa ist jetzt auch Bettgehzeit, finde ich und denke an Oma und Opa. Für mich war der Tag lang genug.

Ich mach das Licht aus und will schlafen. Morgen muss ich schließlich fit sein. Marlene braucht meine ganze Kraft und ich finde, das wäre ein passender Abschlussgedanke für diesen Tag gewesen und ich würde mir wünschen, dass das mein letzter Gedanke heute ist, aber kurz bevor ich einpenne, da quetscht sich das hier noch dazwischen: Morgen ein Sieg und wir sind in Europa dabei!

Und dann denke ich, dass jetzt mal gut ist und ich gleich im Reich der Träume bin, da nehme ich noch so ganz verschwommen das hier mit: Vielleicht komm ich ja morgen doch noch nach Hannov…

W**as war das?** Ich suche den Wecker. Es ist 7 Uhr. Ist die Nacht etwa schon zu Ende? Da nebenan, das ist eindeutig Marlene. Sie ist schon wieder putzmunter und erzählt, oder besser: brabbelt einen vom Pferd, während ich finde, dass ich noch längst nicht ausgeschlafen hab und eigentlich ja auch noch ein bisschen spekulieren muss, wie so meine Chancen sind, hier heute noch irgendwen Vertrauenswürdigen zu finden, der oder die sich um Marlene kümmert, während ich auf Sauf- und Partytour nach Hannover gehe.

Marlene wird eindeutig langsam ungehalten. Die hat Hunger, da brauch ich hier gar nicht lange drüber spekulieren, da muss ich was tun und zwar das: aufstehen und das Fläschchen warm machen.

Und das mache ich und während das Fläschchen warm wird, versuche ich mich zu konzentrieren, was nun heute noch so HSV-mäßig geht, aber nun erst mal muss ich zu Marlene. Die quakt schon mächtig rum und mit der will ich mir das lieber nicht verscherzen. Ich kann ja gleich noch überlegen, was ich mache. Erst mal Marlene.

Und Marlene strahlt über beide Backen, wie ich in das Zimmer reinkomm und sie schimpft mit mir, wie ich ihr die vier Buchstaben abwischen will und sie protestiert, dass es doch endlich mal was zu essen geben soll, wie wir in die Küche gehen und sie das Fläschchen stehen sieht und sie wirft mit dem Ding herum und ich krieche auf dem Boden auf der Suche nach dem Fläschchen und Marlene krabbelt durch die Wohnung und ich hinterher und ich denke: Warum gibt es in dieser Wohnung nur so verdammt viel zu entdecken?

Ich bin nur kurz abgelenkt gewesen. In echt! Ich wollte nur mal kurz telefonieren, ich hatte da so eine Idee, wer sich heute um Marlene kümmern könnte, aber nun weint Marlene. Sie ist hingefallen. Und Papa hat nicht aufgepasst und nun ist an Beruhigung erst mal gar nicht zu denken. Da kann ich mich mit meinem „Pscht!" hier und „Ei!" da auf den Kopf stellen und das Fläschchen kann ich mir an den Hut stecken und den Schnuller einrahmen. Marlene weint. Und ich rede auf sie ein und finde, jetzt ist mal langsam gut mit Weinen, aber Marlene weint und weint und findet, dass jetzt noch lange nicht gut ist mit Weinen.

Langsam wird es Mittag und Marlene und ich haben erst das Bällebad unsicher gemacht, dann haben wir eingekauft und dann sind wir mit dem Bobby-Car durch die Wohnung geschruppt wie nix Gutes und wir haben so richtig Fetz gemacht, mit durchkitzeln und toben und singen und vorlesen und wie Marlene jetzt so in der Mittagsstunde liegt, da glaub ich so langsam nicht mehr so richtig daran, dass das heute noch was wird, mit mir und HSV und Hannover.

Ich bin viel zu kaputt, um noch irgendeinen Gedanken daran zu verschwenden, zu einem Fußballspiel nach Hannover zu fahren. Während Marlene eingeschlafen ist, hab ich die Küche aufgeräumt, die Spielsachen aus sämtlichen Ecken geholt und in irgendwelchen dafür vorgesehenen Behältnissen verstaut, den Boden von den Resten des Frühstücks befreit, die vollgekackten Windeln entsorgt und das Geschirr abgewaschen und den Müll rausgebracht und jetzt muss ich mich erst mal kurz setzen, sonst kipp ich um.

Ich atme tief durch. Wenigstens ein bisschen Ruhe.

Ich sage zu mir selber, schön laut, damit ich das auch höre: „Jetzt legt Papa mal die Füße hoch und lässt den lieben Gott einen guten Mann sein." Und ich lege zur Beruhigung eine schöne Langspielplatte von der Hamburger Nachwuchshoffnung‚Potato Fritz' auf und verschränke demonstrativ die Arme hinter dem Nacken und schließe die Augen. Und wie ich das so tu, das frag ich mich: Hab ich da nicht was gehört?

Marlene ist wach.

Hat die überhaupt fünf Minuten geschlafen? Ich schaue auf die Uhr. Es ist halb drei. Und jetzt wird mir bewusst: Es ist vierzehn Uhr dreißig. Noch eine Stunde bis fünfzehn Uhr dreißig. Noch eine Stunde bis zum Spiel. Mein Hintern juckt, im Bauch kribbelt es.

Es ist Viertel nach drei. Ich habe Marlene gewickelt und was zu essen eingepackt und was zu trinken eingepackt und Marlene mit HSV-Mütze und -Schnuller und -Body und so ausgerüstet und nun jage ich mit dem Kinderwagen und mit Marlene durch die Straßen.

Wir sind ein paar Minuten unterwegs, mir geht ganz gehörig die Puste. „In irgendeinem verdammten Laden", sage ich zu

Marlene, die mich strahlend anguckt, weil sie das so super wie nur was findet, mit mir so durch Hamburgs Straßen zu jagen, „m-u-s-s doch dieses verdammte Spiel live übertragen werden, oder was?!"

Marlene brabbelt ein bisschen herum und ich finde, sie hat gut reden. Sie lässt sich schieben und ich finde keinen Laden, der HSV zeigt.

Da, endlich! Eine „Sportbar", die Fußball live zeigt!

„Hurra!" rufe ich und wir gehen rein, das heißt, ich gehe, Marlene lässt sich immer noch schieben. Und ich will mich gerade hinsetzen und zwei Bier ordern, eins gegen den Durst, eins, weil das so gut schmeckt und den Wirt in ein Gespräch verwickeln, da merke ich, dass ich in einem türkischen Kulturverein gelandet bin. Tee kann ich kriegen und Galatasaray gegen Fenerbahce gucken, wenn ich möchte, meint der Chef, aber ich meine: „Nix für ungut, Chef!" Und ich gehe wieder, weil: ich will HSV gukken und Marlene will das vielleicht, glaub ich, auch.

Ich muss auf Marlene aufpassen

Es ist fünfzehn Uhr dreißig. Wir erreichen die ‚Taverna Romana' am Schulterblatt und wir haben Glück. Hier wird Fußball gezeigt und zwar, wie sich das in Hamburg gehört: HSV. Ich bestelle zwei Bier, eins gegen den Durst und eins, weil das so gut schmeckt und das Spiel läuft schon und ich frage in die Runde: „Wie läuft das Spiel?" Und die Männer, die mit mir hier sitzen, die sind nicht gerade das, was man auskunftsfreudig nennt und grummeln sich was in ihre Biere rein. Ich glaube, sie sind einfach genauso nervös wie Marlene und wie ich und Marlene wird langsam nervös und ich will gerade lächeln, weil ich das so niedlich finde, wie sie da so in ihrem Kinderwagen zappelt, weil ich glaube, dass sie wegen HSV so zappelig ist. „Ist Papa doch auch“, sag ich zu Marlene, die aber weiter zappelt.

Und jetzt dämmert mir das: Die hat Hunger. Gut, dass ich ein bisschen Ahnung von Babys hab und kein blutiger Anfänger bin.

In Hamburg bekommt Marlene einen Birnenbrei und in Hannover Collin Benjamin den Ball. Er steht so zwanzig, dreißig Meter vor dem Tor, fast an der Außenlinie, also unmögliche Position.

Der Typ vor mir ruft: „Los, zieh mal trocken ab!“ Ich muss ein bisschen schmunzeln, weil ich darüber nachdenke, wie ich Marlene irgendwann mal erklären muss, was das nun wieder bedeutet: ‚trocken abziehen‘.

Was für ein komischer Fußballschnack. Und wie ich Marlene grad wieder einen Löffel Birnenbrei reinschieben will, da flattert der Ball durch die Luft und – „TOOOOOOOOOOR! Ein Wahnsinnstor von Collin Benjamin. Ein Schuss wie ein Strich, direkt in den Winkel. Es steht 1:0 für den HSV, meine Damen und Herren!“

Marlene macht immer noch große Augen. All die Leute, der ganze Qualm, das ganze Bier, der ganze Schweiß und dann auch noch mein Jubel beim 1:0. Und Marlene macht immer noch große Augen. Aber ich denke, dass sie das schon überleben wird, schließlich führt HSV 1:0 und wenn das so bleibt, dann ist HSV dabei – beim Europapokal! Auf den anderen Plätzen der Fußball-Bundesliga sieht das ganz hervorragend aus und alle spielen für den HSV und eigentlich sollte es doch mit dem Teufel zugehen, wenn das heute nicht klappt mit dem Europapokal. Und wenn wir da erst mal dabei sind, beim Europapokal, dann kommt alles andere von ganz alleine.

Ich lehne mich zurück und das kann ich auch, weil, HSV kontrolliert das Spiel. Wenn nur Marlene nicht so zappeln würde.

Marlene hat so doll gezappelt, dass ich sie doch mal lieber ein bisschen krabbeln lasse, wobei ich finde, dass sie besser im Kinderwagen aufgehoben wäre, aber das muss sie ja selber wissen, schließlich kann ich jetzt nicht auch noch auf Marlene aufpassen. Da kommt nämlich gerade ein langer Pass auf Emile Mpenza. Der hat ja nun diese Saison wirklich gar keine Wurst vom Teller gerissen, aber jetzt ist er allein durch „und Mpenza vor Enke und Enke reißt ihn um und Elfmeter für den HSV! Elfmeter für den HSV, meine Damen und Herren!"

Ich glaub das alles nicht und denke: Wie geil ist das denn hier jetzt alles bitte?! Elfmeter für HSV und 2:0 und dann aber so richtig „Pfeif dat Dingens ab" und so. „Da kannst du aber Gift drauf nehmen, Marlene!"

„Marlene?" Marlene fummelt gerade unter dem Tisch an einem Zigarettenstummel rum und ich hechte runter und greife sie, weil, ich hab hier schließlich die Verantwortung und ich will gerade schnell wieder zurück nach oben, um auch ja nicht den Elfmeter zu verpassen, da fängt Marlene an zu weinen. Marlene weint und wenn Marlene weint, dann weint sie richtig. Nicht so ein kurzer Schauer, sondern so richtig doll und lang.

Und ich denke, halb so schlimm, beim 2:0 wird sie sich schon beruhigen. Ich halte Marlene im Arm und sie weint immer noch. Und Stefan Beinlich steht bereit. Er will den Elfmeter schießen. „2:0, und wir sind durch!" Das sagt vor mir einer. Ich sage, zu mir selber: Bitte! Geh rein! Und ich kann kaum hingucken und Stefan Beinlich läuft an. Und er schießt und – Enke hält. Und Nachschuss – abgeblockt! Und noch mal – vorbei. Und Marlene weint immer noch und ich kann das jetzt verstehen.

Es steht 1:0 für HSV und in der ganzen Kneipe macht sich Resignation breit. Die Leute fluchen: „Typisch HSV!" Und: „Machen den Sack nicht zu!" Oder: „Das geht doch wieder in die Binsen!" Und irgendwie habe ich die Hoffnung, dass sie Unrecht haben.

Aber komisch: In echt weiß ich ganz sicher, dass HSV das Spiel nicht gewinnt und mal wieder nicht in den Europapokal reinkommt und es genauso läuft wie eigentlich immer in den letzten Jahrzehnten. Große Ziele, großes Gequatsche, nix erreicht. Ich kann mir nicht helfen. Es steht kurz vor der Halbzeit immer noch 1:0 für HSV und Hannover hat überhaupt keine Chance und trotzdem weiß ich: HSV verliert.

Hannover kommt jetzt auch mal über die Mittellinie und über die rechte Seite läuft dieser dicke Stajner, oder wie der heißt, alleine durch und er flankt und kein HSV-Spieler geht da ran und ich rufe: „Oh no!" Und da kommt auch schon irgend so ein Hannover-Spieler angezuckelt und köpft und, man kann sich das denken, es steht 1:1. Es steht nicht 2:0 für HSV und Daddeldu, sondern es steht 1:1 und Hannover jubelt, die Leute in der Kneipe fluchen, Marlene spielt gemütlich mit der Rassel und strahlt dabei und der Schiedsrichter pfeift zur Halbzeit.

In der Halbzeitpause telefoniere ich lieber mal mit Inken, damit die sich schon mal auf was gefasst machen kann, wenn sie morgen früh nach Hause kommt. Da werde ich ganz gewaltig geladen sein, das kann sie mir glauben, weil, so ein bisschen finde ich jetzt doch, dass es auch an mir und vor allem an Inken liegt, dass es nur 1:1 steht, weil, sie wollte mich ja partout nicht fahren lassen und nun sitze ich hier mit meiner Kunst und kann nichts machen, nur zusehen, wie das alles den Bach runtergeht und das sage ich auch Inken am Telefon ganz klipp und klar: „Hallo Schatz! – HSV nur 1:1. – Ja, doof! – Marlene? Der geht es gut! – Och, wir sitzen hier im Garten und ich höre Fußball und Marlene spielt in der Sandkiste. – Ja, ganz niedlich! – Nein, hier sind keine Leute. – Nein, nein, da musst du dich verhört haben! – Könnte das Radio gewesen sein. – Stimmt! – Nein, ich muss jetzt auch Schluss machen. – Ich liebe dich. – Ja, mach ich. – O.K., wir freuen uns auf dich. – Tschühüs!"

Ich winke dem Wirt zu. Ich brauche dringend ein Bier. Anders ist das hier alles nicht auszuhalten.

Die zweite Halbzeit plätschert so dahin." Das sagt der Kommentator und wo er Recht hat, da hat er Recht. Marlene krabbelt ein wenig herum und schäkert mit den Gästen, die allerdings dafür keine Augen haben. Sie gucken auf den Schirm. „Und Rückgabe. Und wieder nach links gespielt. Und Klingbeil. Und wieder Rückgabe. Und jetzt nach rechts. Und ein Pass. Aber abgewehrt. Und wieder zur Seite. Und auf Barbarez. Und vertändelt. Und Hannover. Und Abseits." Und so weiter und so fort.

Und nun sind nur noch ein paar Minuten zu spielen. Ich habe keine Hoffnung mehr. Jetzt werden auch noch alle Spieler, die über 1,90 Meter groß sind, eingewechselt, damit die noch einen Ball an den Kopf kriegen und dann 2:1 und super!

Aber ich weiß es doch jetzt schon besser: HSV schießt so oder so kein Tor mehr. Ich fange langsam an, Marlene anzuziehen.

Marlene hat schon die Mütze auf, da kommt HSV noch mal in Tornähe. Eine Flanke segelt rein und einige rufen echt noch: „Los, jetzt aber!" Ich winke ab. „Komm, wir gehen, Marlene." Hannover wehrt den Ball ab. Aber HSV versucht es noch mal, wenn auch nicht so richtig. Noch eine Flanke juckelt rein. Und ich winke ab und ich sage: „Wir gehen, Marlene."

Aber natürlich gehen wir nicht. Marlene sitzt im Kinderwagen und strampelt ein bisschen vor sich hin und ich stehe hier, im hinteren Bereich der Kneipe, und kann meinen Blick nicht von der Scheiß-Glotze abwenden. Das, was HSV macht, das ist totaler Mist und sieht überhaupt nicht nach einem Tor aus. Aber ich stehe hier und warte, bis das Spiel zu Ende ist. Und ich hoffe, wenn ich auch nicht glaube, dass hier noch irgendwas passiert.

Ich stehe mit den Händen in den Taschen und Marlene schaut mich an. Und ich lächele sie an und sie lächelt mich an und ich gucke nach vorne, wo HSV gerade am Ball ist und in Richtung Hannover-Tor stürmt.

Barbarez verdaddelt den Ball und nun ist Hannover im Angriff und es sind nur noch wenige Augenblicke zu spielen und jetzt umdribbelt dieser Spieler, der seit fünf Jahren oder so kein Tor mehr geschossen hat, HSV-Torwart Wächter und schiebt locker ein. Es steht 2:1 für Hannover gegen HSV. Und ich stehe mit den Händen in den Taschen und Marlene schaut mich an. Und ich lächele sie an und sie lächelt mich an und die Leute verlassen die Kneipe. Das Spiel ist noch nicht zu Ende und ich bleibe stehen.

HSV spielt sich den Ball ein bisschen zu und noch mal flanken sie den Ball rein in den Hannover-Strafraum. Jetzt muss HSV schon zwei Tore schießen und das wird garantiert nichts. Ich weiß das und hab auch keine Hoffnung mehr, aber ich bleibe trotzdem hier stehen, bis wirklich nichts mehr geht, bis der Schiedsrichter abgepfiffen hat.

Und ich denke: Mama würde mir die Ohren lang ziehen, wenn sie mitkriegen würde, dass ich vor dem Schlusspfiff abhau, obwohl noch eine klitzekleine, theoretische Chance für HSV besteht und Papa hätte jetzt geflucht und geschimpft und sich ohne Ende aufgeregt über diese überbezahlten Millionäre, aber er wäre niemals früher gegangen. Und meine Schwester, die rätselt jetzt bestimmt gerade, wie das angehen kann, dass HSV gegen Hannover verliert. „Du, Acki, das geht doch gar nicht!"

Und dann endlich: Der Schiedsrichter pfeift das Spiel ab. Ich bezahle meine Biere, hieve den Kinderwagen aus der Gaststätte und atme draußen tief durch. Ich hol mal mein Telefon raus. Ich hab zwei Kurzmitteilungen bekommen. Maik schreibt: „Pisse kacke! Scheiß HSV!" Paul schreibt: „Das tut mir echt leid für dich. Wenn du magst, können wir ja noch mal telefonieren, nachher."

Ich stecke das Telefon ein und atme noch mal tief durch und strahle Marlene an: „Endlich frische Luft, was, Kleine?!" Und Marlene strahlt zurück und – es fängt an zu regnen.

Ende

Auf den folgenden Seiten stellen wir das Fußball-Programm im Europa-Verlag vor:

Es wird ein Kampf gegen die Zeit, gegen die Dunkelheit. „Der Ring des Stadions wird immer schwärzer. Die Sonne wird wächsern und bleich. Immer schwächer werden die Schläge und Stöße der Spieler", beschreibt der „Fußball" das merkwürdige Schauspiel.

Schon sind 160 Minuten gespielt und von Minute zu Minute schwindet die Kraft der Spieler. Und die des Schiedsrichters. In der 162. Minute, die Uhr zeigt inzwischen 8.18 Uhr, schrillt ein Doppelpfiff durchs Stadion, Peco Bauwens stürzt entkräftet zu Boden, ein Wadenkrampf plagt den Unparteiischen. Sanitäter bemühen sich um den wachsbleichen Referee. Richard notiert entsetzt: „Berlin lacht! Gemütsverrohung!"

Nun eilt ein DFB-Funktionär auf den Rasen, um der Menge eine Mitteilung zu machen. Doch der Lärm der Zuschauer verschluckt die Bekanntgabe, und dann steht Bauwens auch schon wieder und pfeift das Spiel erneut an.

Die ersten Nürnberger Zuschauer blicken besorgt auf die Uhr. Es geht auf 9.00 Uhr zu, seit über drei Stunden dauert die Partie nun schon an. Wollen sie den Sonderzug in die Heimat noch erwischen, müssen sie das Stadion verlassen. Ausgerechnet jetzt, grämen sie sich, da noch nichts entschieden ist, da beide Mannschaften am Rand ihrer Kräfte um die deutsche Meisterschaft kämpfen. Immer dunkler wird es nun im Deutschen Stadion. „Man sitzt mit starr aufgerissenen Augen und kann es nicht fassen, dass dort unten diese 22 Leute, die um fünf Uhr nachmittags mit unwiderstehlichem Elan und Kampfgeist antraten, immer noch um die Entscheidung kämpfen." Schon kann das Publikum nur noch schemenhaft erkennen, wer da gerade den Ball führt. Witzeleien machen die Runde: „Nur weiterspielen, es wird gleich wieder hell!"

Es war am 16. Juli 1950, dem Finaltag der ersten WM nach dem Zweiten Weltkrieg. Dieses Spiel änderte das Leben vieler Menschen. Zum Beispiel das des brasilianischen Torhüters Moacyr Barbosa, der vor wenigen Jahren traurig gestand: „In Brasilien sieht das Gesetz 30 Jahre Haft für einen Mord vor. Es ist weit mehr als diese Zeit seit dem Finale von 1950 vergangen und ich fühle mich noch immer eingekerkert, die Menschen sehen in mir immer noch den Schuldigen für unsere Niederlage." Bisweilen standen die Leute auf und gingen, wenn Barbosa eine Bar betrat. Alcides Ghiggia dagegen zählt zu den unvergleichlichen Stars der WM-Historie. Dem uruguayischen Stürmer gelang eines der wohl wichtigsten Tore aller Fußball-Weltmeisterschaften (manche behaupten, unter gütiger Mithilfe von Barbosa), und noch heute verlangt er ein Honorar für Interviews, in denen er vom Maracanazo erzählen soll.

In jenen Zeiten gab es noch nicht die heute üblichen taktischen Systeme wie 4-3-1-2 oder 3-3-2-2. Man spielte einfacher, zwangloser, ein System, bei dem sich die Spieler auf dem Platz in der Form eines über einem „M" stehenden „W" gruppierten: drei Mann fest in der Abwehr, davor zwei, die für die Spieleröffnung zuständig waren, zwei Halbstürmer, zwei Außenstürmer und in der Mitte eine klassiche Nummer Neun. Brasilien hatte alles für das große Fest vor 200 000 Zuschauern im eigens für die WM errichteten Maracanã-Stadion vorbereitet. Es war der haushohe Favorit bei Spielern, Fans und und Journalisten gleichermaßen, weil es die Gruppenspiele und Finalrunden souverän gewonnen hatte, dazu kam noch der Heimvorteil. So sehr erwarteten alle einen Sieg der Brasilianer, dass sich beim Einlauf der Mannschaften die meisten Fotografen auf die Heimmannschaft konzentrierten und die Spieler Uruguays fast allein blieben …

Gegen den VfL Wolfsburg – in Anspielung auf die enge Bindung an die Volkswagen AG:

Ihr seid nur ein Autolieferant
Autolieferant, Autolieferant ...

Melodie: Yellow Submarine (The Beatles)

Gegen Arminia Bielefeld – die Alm liegt nun mal in ländlicher Idylle:

Kühe – Schweine – Bielefeld!

Gegen Leverkusen – wenn die Zahl der mitgereisten Anhänger mal wieder überschaubar geblieben ist:

Hurraaaa, ein ganzer Bus ist da! ...

Melodie: Go West (Pet Shop Boys)

Es geht aber auch härter:

Sie stehen auf Schwänze und nicht auf Busen
das sind die Fans von Bayer Leverkusen
Oleee, oleee ...

Traditionell gegen den 1. FC Köln – aber auch gerne in anderen Hochwassergebieten gesungen:

Es kommt die Zeit, oho, in der das Wasser wieder steigt
Es kommt die Zeit, oho, in der das Wasser wieder steigt
Woohoohooh – in der das Wasser wieder steigt ...

Melodie: Wünsch Dir was (Die Toten Hosen)

Gegen Hansa Rostock:

Hansa ist ein Dosenbier! Hansa ist ein Dosenbier!
Hansa ist ein Dosenbier! Hey hey hey ...

Melodie: Just over in the Gloryland (Traditional)

11FREUNDE
DAS MAGAZIN FÜR FUSSBALLKULTUR.
DENN DAS SPIEL DAUERT LÄNGER ALS NEUNZIG MINUTEN.
VERRÜCKTE FANS, VERWEGENE KICKERFRISUREN, RASANTE DRIBBLINGS.
ALL DAS JEDEN MONAT AN JEDEM GUTEN KIOSK FÜR 3 EURO.
JETZT
KOSTENLOSES PROBEHEFT ANFORDERN!
UNTER
WWW.11FREUNDE.DE/PROBEHEFT-EUROPA
HOLT EUCH DAS SPIEL ZURÜCK!